Wenn der Bogen zerbrochen ist — dann schieß!

Kurt Österle

# Wenn der Bogen zerbrochen ist – dann schieß!

Mit dem Bogenweg
die Kunst des Lebens meistern

O. W. Barth

www.fischerverlage.de


Erschienen bei O. W. Barth, ein Verlag
der S. Fischer Verlag GmbH, Frankfurt am Main
Copyright © S. Fischer Verlag GmbH, Frankfurt am Main, 2004
Satz: MedienTeam Berger, Ellwangen
Druck: Jos. C. Huber GmbH & Co. KG, Garching-Hochbrück
Bindung. Oldenbourg Buchmanufaktur, Monheim
Printed in Germany

ISBN 3-502-61125-4

# Inhaltsverzeichnis

# Einführung

Das Glück liegt im Loslassen,
Festhalten schafft Leid,
kostet wertvolle Energie,
gleichgültig, ob schöne Erfahrungen
oder Unglück festgehalten werden.
Sich einzuüben ins Loslassen
schafft die sorglose Freiheit
und das unendliche Glück,
die Dinge so zu nehmen
und mit ihnen zu leben,
wie sie sind.

Die exakte Beschreibung des Bogenweges lautet: Zen in der Übung des Bogens und des Sitzens. Damit wird deutlich, dass dem Bogenweg jene «Kultur der Stille» zugrunde liegt, die Zen genannt wird. Gleichzeitig geht es um das Bogenschießen mit westlichem Sportbogen und um das stille Sitzen im Zen, dem Zazen* (mit einem * gekennzeichnete Begriffe finden Sie im Glossar ab Seite 281 erläutert).

Das Anliegen dieses Buches ist es nicht, Sie, liebe Leserin, lieber Leser, in die Technik des Bogenschießens einzuführen – obwohl davon immer wieder die Rede sein wird. Hier soll auch kein neues Zen-Buch präsentiert werden, weshalb ich mich bei meinen Ausführungen zum Zen auf jene Elemente beschränke, die zum Verständnis der Bogenübung unerlässlich sind.

Spannend sind vielmehr die Fragen: Was hat Bogenschießen mit Zen zu tun? Wo ist die Verbindung von Zazen und Bogenschießen? Was bedeutet «der Bogen wird zum Spiegel»? Ist Bogenschießen eine kunstlose Kunst? Und inwiefern hilft sie mir dabei, mein Leben zu meistern? Wie kann durch den Bogenweg Stille, Gelassenheit, Mut, Ausgeglichenheit, Geduld, Vertrauen entstehen? Wie kann mein Selbstwertgefühl wachsen, meine Ich-Zentriertheit sich auflösen? Wie kann ich in eine Seins-Orientierung hineinwachsen, meine Konzentrationskraft verbessern, wie können Begeisterung und eine Heiterkeit entstehen, die aus großer Tiefe kommen? Wie viele Bogen müssen bei mir zerbrechen, bis ich zum Sein vorstoße? Was habe ich alles loszulassen, um die sorglose Freiheit und das unendliche Glück zu finden?

Ich weiß nicht, ob es mir gelungen ist, in diesem Buch alle Fragen zu beantworten. Es ist mein Anliegen, Ihnen Möglichkeiten zu zeigen, wie Sie Ihre Alltagssituation, gleichgültig, wo und wie Sie Ihr Leben verbringen, verändern können. Dabei ist es nötig, Ihnen etwas über Zen bzw. Zazen, die verschiedenen Stufen der Übung mit dem Bogen und die Verbindung beider Disziplinen zu erzählen, insbesondere aber die Verbindungen zu Ihrem Leben herzustellen, so dass Sie für sich entdecken: Das bin ich, das ist meine Situation, meine Reaktion, das ist meine Chance!

Die Übung, um die es hier geht, soll mit Ihrem Leben und mit dem Leben überhaupt zu tun haben. Zen als Übungsweg verläuft nicht neben unserem Leben, sondern dringt in unser Leben ein, erhellt, verändert es. Dies muss nach meinem Verständnis so sein, denn spirituelle Wege ohne Bedeutsamkeit, ohne Einfluss auf das konkrete Leben sind Irrwege.

Der Bogenweg, so wie ich ihn erlebe, lehre und beschrieben habe, ist aus meiner eigenen Lebenssituation heraus entstanden – ohne diese gäbe es ihn nicht. Erst viel später, nachdem ich schon einige Erfahrungen gemacht hatte, entdeckte ich, dass bereits die Taoisten sich im Bogenschießen geübt hatten (und dies nicht im Wettkampf oder um Schlachten zu gewinnen), dass Isaak von Antiochien (gest. 460/461), ein syrischer christlicher Dichter, von der «Kunst des Bogenschießens» spricht, die in der «Wüste erlernt» wird, und dass sowohl in chinesischen als auch in japanischen Zen-Klöstern das Zazen mit dem Bogenschießen verbunden wurde und die Bogen-Meister häufig gleichzeitig auch Zen-Meister waren.

Daher möchte ich Sie zu Beginn an meiner Biografie, meiner Entwicklung teilhaben lassen, denn mein Weg hat ganz woanders begonnen. Er führte mich über ein religiös-weltliches Leben in den Wald – dorthin, wo sich Fuchs und Hase gute Nacht sagen.

# 1

# WO SICH FUCHS
# UND HASE
# GUTE NACHT SAGEN

## Altbäckersmühle

«Altbäckersmühle, Sei-Sui-Zendo – ZEN-Gemeinschaft des stillen Wassers» steht auf dem kleinen Prospekt und der Homepage, über die meine Frau, Ellen Österle (Dharma\*-Name Gen-Ki, «Waldquelle»), und ich (Kyu-Sei, «sucht die Klarheit [des Himmels]») in unser kleines Meditationszentrum einladen. Sie, liebe Leserin, lieber Leser, folgen nun über das Medium Buch dieser Einladung, und es ist meine Absicht, Sie auf alle Stationen des Übens und Lernens mitzunehmen. Ich lade Sie ein, mit mir den Bogenweg zu gehen, teilzunehmen an unseren Übungen und Erfahrungen, so dass unser Tun zu Ihrer Erfahrung wird, dass Sie, wie wir es ausdrücken, den Bogen in die Hand bekommen und vom Pfeil getroffen werden – dass die Übung Sie anspricht, in der Tiefe anrührt, berührt und etwas verändert.

Das ist die Besonderheit dieses Buches: Es vermittelt nicht nur theoretische Kenntnisse über innere Prozesse, sondern lässt Sie unmittelbar und möglichst praktisch und lebendig an dem teilhaben, was geschieht. Es lässt Sie erfahren, wie sehr unsere Übung in das Leben hineingreift, so dass es keine Kluft zwischen dem gezeigten Weg und den Herausforderungen des Alltags gibt. Beide werden immer mehr durchdrungen und vereinen sich.

Eines Tages machen wir uns erstmals auf den Weg zur Altbäckersmühle. Irgendwo im tiefsten Taunus zweigt eine

Landstraße von der Bäderstraße ab, führt uns über einige Kilometer, bis wir an einer scharfen Kurve auf einen schmalen Schotterweg stoßen. An bemoosten und feucht glänzenden Felsen vorbei, die rechts steil aufragen und links ebenso steil abfallen, windet sich der Weg durch den Wald. Als Zweifel aufkommen, ob er tatsächlich irgendwohin führt und ob wir hier je wieder herausfinden, als mir Fragen durch den Kopf schießen wie: Was will ich hier überhaupt? Warum habe ich mich auf dieses Abenteuer eingelassen? Was erwartet mich? Ist das, was vor mir liegt, genauso unsicher wie dieser scheinbar unsichere Schotterweg? – da öffnet sich plötzlich das Tal, der Blick wird frei, und die Altbäckersmühle steht vor uns. Eine kleine, liebevoll hergerichtete, ehemalige Wassermühle mit schwarz-weißem Fachwerk, bunten Fensterrahmen und Holzläden, bereits vor zweihundertfünfzig Jahren im hessischen Staatsarchiv erwähnt, im stillen Talgrund, mitten im Wald, fernab von allem Lärm und Straßenverkehr. Und dort, wo der Weg buchstäblich aufhört und der Eindruck entsteht, man wäre am Ende der Welt, beginnt für die Übenden und auch für Sie, die Sie lesend bis hierher gekommen sind, der eigentliche Weg. Und so heißen wir, meine Frau und ich, Sie willkommen.

Seit fast fünfundzwanzig Jahren wohnen wir nun in diesem idyllischen Tälchen. Ohne gesucht zu haben, haben wir die Mühle gefunden. Bis dahin lebten wir mit unseren beiden Söhnen in Rheinhessen. Meine Frau arbeitete nach dem Studium der Sonderpädagogik an einer Schule für körperbehinderte Kinder, ich war als Pfarrer im Schuldienst und Fachberater für Religionslehrer an beruflichen Schulen im Regierungsbezirk Rheinhessen tätig. Außerdem machte ich eine gewisse politische Kar-

*Eingang zur Altbäckersmühle*

riere – als ehrenamtlicher Bürgermeister und Abgeord-
neter mit realistischen Ambitionen, diesen Weg weiterzugehen. Ich wurde über Rheinhessen hinaus durch
meine Arbeit mit Jugendlichen bekannt, die in verschiedenen so genannten Jugendreligionen eine vermeintliche
geistige Heimat fanden. Die Begegnungen mit diesen suchenden, fragenden, nicht selten abhängig gemachten
und ausgebeuteten jungen Leuten beschäftigten mich
sehr und prägten mein weiteres Leben.

In dieser Betriebsamkeit gab es einen Tag, der für
unsere zukünftige Entwicklung entscheidend wurde.
Meine Frau und ich waren auf der Sonnenterrasse unseres fünf Jahre zuvor erbauten Bungalows. Ellen bügelte –
was sie selten und nur sehr ungern tat –, ich lag im Liege-
stuhl – was noch seltener vorkam –, studierte die Zei-
tung und dort, wie es sich für einen engagierten Bürgermeister gehört, die Immobilienseite. Ein kleines Inserat
hatte die Überschrift «Alte Wassermühle im Taunus zu
verkaufen». Ich las es laut vor. Meine Frau stellte das
Bügeleisen zur Seite und sagte: «Da rufen wir mal an.»
Gesagt, getan! Ein Besichtigungstermin wurde verein-
bart ...

Und so standen wir schließlich mit unseren Jungs in
einem mit Gras und Büschen zugewachsenen Hof aus
Lehm, umgeben von einem Wohnhaus und einer Scheune
mit Stallungen. Wenige Meter hinter dem Haus plät-
scherte das Wasser des Hasenbachs, der einst das Wasser-
rad der Mühle betrieben hatte, von dem aber nichts mehr
erhalten war. Wir waren von der ursprünglichen, wilden
Schönheit der umliegenden Wiesen und der Natürlichkeit des dichten Waldes beeindruckt. Die Gebäude
waren seit vielen Jahren unbewohnt, ihr Zustand ent-

sprechend. Aber: «Das Haus hat eine Atmosphäre, in der wir uns wohl fühlen können», lautete unser einstimmiger Kommentar, und obwohl es furchtbar muffig roch und im Keller das Wasser von den Wänden lief, stand unser Entschluss fest. Entweder *diese* Mühle oder keine. Konsequenterweise haben wir uns auch keine zweite mehr angeschaut. Es folgten aufregende Wochen, Verhandlungen mit der Verkäuferin, einer alten, liebenswürdigen Dame, die uns nicht nur die Mühle, sondern auch «den Bach, den Wald, die Vögel und die gute Luft» verkaufen wollte. Welch eine Vorstellung! Wem gehören das Wasser, die Luft, die Vögel? Aber die Dame war uns wohlgesonnen, und wir wurden uns bald einig.

Als weitaus schwieriger erwiesen sich die Verhandlungen mit meinem Arbeitgeber, der Evangelischen Kirche in Hessen und Nassau, als problematisch das Abgeben aller politischen Verpflichtungen und vor allem der Abschied meiner Frau von ihrer geliebten Arbeit. Und wie würde der Verkauf unseres neu gebauten Hauses klappen? Denn nur mit dem Erlös daraus war die Mühle zu übernehmen. Aber es ließ sich alles regeln, denn als unsere Bereitschaft vorhanden war, öffneten sich sämtliche Türen.

Doch der Preis war hoch. Meine Frau war bereit, auf ihre Arbeit zu verzichten, ich war bereit, meine politische Tätigkeit aufzugeben und mich auf meine neue Stelle an der Kaufmännischen Berufsschule in Limburg zu konzentrieren. Das bedeutete eine Reduzierung unseres Einkommens von drei Gehältern auf eines und einen kompletten Neuanfang in einer uns fremden Umgebung. Doch wir ahnten: entweder jetzt, oder wir werden für einen solchen Umbruch zu alt sein. Auch für unsere beiden Söhne war ein Wechsel zu diesem Zeitpunkt günstig. Der ältere begann mit dem Zivildienst, und der jüngere wollte eine Lehre als Werkzeugmacher beginnen. Natürlich fiel ihnen der Abschied von ihren Freunden nicht leicht; trotzdem trugen beide die Entscheidung aus ganzem Herzen mit.

## «Und jedem Anfang wohnt ein Zauber inne ...»

Es war tatsächlich ein Anfang am Nullpunkt. Das macht eine kleine Episode deutlich: Ich ging zur örtlichen Bank unseres künftigen Wohnorts, um einen Scheck über dreihundert D-Mark einzulösen. Die Reaktion am Schalter: Das gehe erst, wenn meine Hausbank versichert habe, dass der Scheck gedeckt sei. Das war für mich eine neue und demütigende Erfahrung. Als wir für die Anzahlung der Mühle und die notwendigen Umbaumaßnahmen Geld benötigt hatten, war ich zur Sparkasse in Mainz gegangen und hatte meine Absichten und meinen Kreditwunsch kundgetan. Der damalige Direktor führte ein Telefongespräch und meinte dann: «Das Konto ist eröffnet, dir stehen zweihundertfünfzigtausend Mark zur Verfügung.» «Brauchst du denn keine Sicherheiten?», fragte ich verblüfft. «Du bist mir Sicherheit genug», war seine Antwort. Und nun stand ich hier, in der neuen Bank, und mir wurde klar: Hier bin ich eine Null. Niemand kennt dich. Das war eine dicke Kröte, die ich zu schlucken hatte – und es blieb nicht die einzige.

Oft wurden und werden wir gefragt, warum wir diesen Wechsel vollzogen haben. Das zu beantworten ist ziemlich schwierig, da die Beweggründe vielfältig waren und wir uns manche sicher nicht völlig bewusst gemacht haben. Klar war, dass Ellen und ich einen Neuanfang für uns selbst wollten. Aber es herrschte zu jener Zeit auch eine gewisse Aussteigermentalität – ein unabhängiges, alternatives Leben, eingebunden sein in die Natur, die Sehnsucht nach Unmittelbarkeit, Stille und Freiheit, die Vision, gemeinsam an einem Projekt zu arbeiten. Doch auf die Idee, hier einmal Kurse anzubieten, wären wir damals nie gekommen. Hätten wir diesen Gedanken auch nur im Entferntesten gehabt, dann hätten wir bestimmt eine größere Anlage ausgesucht, die ganz andere Möglichkeiten geboten hätte als unsere Mühle heute.

In unserem und den angrenzenden Tälern sprach sich schnell herum, dass ein Pfarrer mit seiner Familie in die Altbäckersmühle eingezogen sei. Manche gaben uns drei Jahre, andere schätzten unser Durchhaltevermögen auf maximal fünf Jahre. Aber sie täuschten sich. Nun wohnen wir bald ein Vierteljahrhundert hier. Das Leben hat sich derart entfaltet, dass wir ins Staunen geraten. Zwei Kommentare anlässlich unseres Einzugs haben unsere Zukunft, von der wir selbst noch keine konkrete Vorstellung hatten, bereits skizziert. So schrieb der Maler und Schriftsteller Friedrich Kunitzer, der in einem Nachbartal mit seiner Frau ähnlich einsam lebte wie wir, in seinem damals gerade erschienenen Buch *Menschen, Mühlen, Märchen,* noch bevor wir uns kennen lernten:

Ein pensionierter Pfarrer [zu dem Zeitpunkt war ich noch lange nicht pensioniert] übernahm mit seiner Familie die Mühle. Um Gott näher zu sein, wie er sagte.

20

Und Freunde schrieben eine Widmung in ein Buch, das sie uns zum Einzug schenkten: «Ausgestiegen, um einzusteigen.» Beide Kommentare erwiesen sich als richtig. Nur ahnten wir beide damals nicht, inwiefern sich diese «Prophezeiungen» erfüllen sollten – wir waren auch viel zu beschäftigt. Alternatives Leben ist keine Spielerei, hat nichts mit Romantik zu tun, sondern ist harte Arbeit – und «einsteigen» hieß für uns, uns auf das einzulassen, was unmittelbar zu tun war, und das, was als Zielvorstellungen vor uns lag, anzupacken.

Da mit unserem Anwesen Wasserrechte verbunden waren, legten wir einen großen Teich als Wasserreserve an und bauten eine Turbine ein, die uns bis 1998 mit dem notwendigen Strom versorgte. Glücklicherweise ist unser jüngerer Sohn handwerklich geschickt, und so konnten wir viele Arbeiten selbst ausführen. Erst fünfzehn Jahre später, als immer häufiger Gruppen zu uns kamen, ließen wir den Anschluss an das öffentliche Netz installieren und speisten unseren sauberen Strom in die Heizung ein.

Am Anfang verlegten wir neue Wasserleitungen – Brauchwasser vom Bach, Trinkwasser aus einer Quelle hinter dem Haus. Dazu die Tierhaltung: Hühner, Enten, Gänse, Truthühner, Hasen, Schafe, Milchziegen, Schweine. Wir genossen die reichste Auswahl an herrlichem Fleisch, und was wir zu viel hatten, verkauften wir. Das biologisch angebaute Gemüse kam aus unserem Gemüsegarten mit über zweihundertfünfzig Reihen … Mischkultur nannte sich das und war eine tolle Sache. Zur puren Freude hielten wir ein Eselchen und ein Pony, zeitweise gab es fünf Katzen – und vor allem zwei große Hunde, die wir «adoptiert» hatten, weil sie bei ihren

Herrchen nicht mehr zu halten waren. Es sind Briads, französische Hütehunde, ein Weibchen und ein Männchen. Sie eignen sich hervorragend für unser Leben, denn sie laufen nicht weg, selbst wenn Rehe auf der Wiese stehen. Sie spüren die Verpflichtung, bei der Herde zu bleiben, sie zu hüten – und die Herde, das sind wir. Nach tibetischer Vorstellung sollen Hunde einst Mönche gewesen sein, die in ihrem Mönchsein gescheitert sind. Möglicherweise ist es nur eine Legende. Jedenfalls sind unsere Hunde in ihrem jetzigen Leben nicht gescheitert, sondern haben ihre Aufgabe prachtvoll erfüllt, und unsere guten Gedanken begleiten sie in ihr nächstes Leben.

Unser Traum vom alternativen, unabhängigen Leben war Wirklichkeit geworden …

## Nichts ist sicher

Eine einschneidende und verändernde Erfahrung machten wir ein knappes Jahr nach unserem Einzug. In einer Juninacht wurden wir durch einen gewaltigen Donnerschlag geweckt. Der Regen stürzte in einer Dichte vom Himmel, dass wir die Wiesen nur noch erahnen konnten. In etwa einer halben Stunde schwoll der Hasenbach zu einem gewaltigen, reißenden Strom an. In den Wald brachen breite Schneisen, und Erde, Steine und Bäume donnerten brüllend ins Tal. Unsere Tiere konnten wir nur unter Einsatz unseres Lebens von der Bergseite aus in Sicherheit bringen. Wir standen mit Tränen in den Augen im Hof und mussten zusehen, wie das wunderschöne Kopfsteinpflaster, das wir neu hatten verlegen lassen, fortgeschwemmt, unsere Zuwegung aufgebrochen, das gestickte Bachbett weggerissen wurde.

Nach einigen Stunden war der Spuk vorbei, der Schaden beträchtlich. Umgestürzte Bäume hatten uns von der Welt abgeschlossen, unser Mühlgraben war zugeschwemmt – das hieß, es gab keinen Strom und damit auch kein fließend Wasser mehr. Eine schwere Zeit begann, in der wir erfahren durften, wer unsere wirklichen Freunde waren. Denn wir waren ebenso auf Freunde angewiesen wie auf unsere eigene Kraft. Die freiwillige Feuerwehr, die mit fünfzehn Mann anrückte, ausgerüstet mit Schaufeln und Räumgeräten, zog mit dem Hinweis wieder ab, dass sie für das Ausheben des Mühlgrabens – für uns lebensnotwendig – nicht zuständig sei. Ich war eben nicht mehr Bürgermeister, sondern ein Unbekannter. Öffentliche Mittel für die nötigen Aufräumarbeiten und Reparaturen gab es nicht. Die würden erst gezahlt, wenn um die zehntausend Menschen betroffen seien. Das leuchtet zwar irgendwie ein, hilft aber dem, der selbst betroffen ist, herzlich wenig.

Schließlich kamen drei Männer, die unser älterer Sohn, der seinen Zivildienst in einem Obdachlosenheim ableistete, organisiert hatte, um uns einige Tage zu helfen. Sie arbeiteten von früh bis spät. Während sie den überschwemmten Keller reinigten und dabei eine Schicht des Lehmbodens mit dem angeschwemmten Schlamm aushoben, fand einer eine Goldmünze aus dem 18. Jahrhundert. Er steckte sie nicht ein, sondern gab sie uns! Eine Geste, die uns tief bewegte und bis heute zu Tränen rührt.

Wenn ich auf diese Zeit zurückblicke, wird mir klar, dass sich unser Verhältnis zu unserem Anwesen durch das Unwetter verändert hat: Es gehört uns zwar, aber es ist nicht unser Besitz. Wir wohnen hier, sind aber Gäste ... «Haben, als hätten wir nicht.» Es war eine erste Lektion im Loslassen, das noch eine wichtige Rolle für uns spielen sollte. Wir lernten, dass wir unsere Identifikation nicht in einem äußeren Wert finden können, sondern nur in uns selbst. So wurde das Unglück von damals zu einem großen Lehrmeister, und neben all der Freude, die wir mit unserer Mühle hatten, lernten wir auch die Melodie des Schreckens kennen. Zumal ich durch die viele und schwere Arbeit einen Bandscheibenvorfall hatte, operiert werden musste und für etwa ein Jahr ausfiel. Eine harte Zeit für meine Frau und unseren jüngeren Sohn, der damals noch bei uns wohnte.

## Fuchs und Hase

Da stehen nun die Gäste im Hof, schauen sich um, etwas überrascht, weil der unsicher erscheinende Zuweg auf einen ganz stabilen Grund geführt hat. Und da die Abgeschiedenheit der Mühle für Großstädter geradezu überwältigend ist, kommt oft die Bemerkung: «Ihr lebt wirklich hinter dem Mond, wo sich Fuchs und Hase gute Nacht sagen.»

Nun, wir sind nicht sicher, ob wir «hinter dem Mond» leben – wenn damit gemeint ist, dass wir keine Ahnung vom Leben haben, trifft das nicht zu. Wenn damit allerdings gemeint ist, dass wir eine Vorstellung von einem Morgen haben, die nicht so ganz in diese Welt hineinzupassen scheint und deshalb oft als Traum bezeichnet wird, dann stimmt es durchaus.

Fuchs und Hase, die sich gute Nacht sagen, das ist mehr als eine Fabel, mehr als ein Bild. Es ist eine Vision! Denn schließlich sind Fuchs und Hase Todfeinde. Was heißt das, sich gute Nacht wünschen? In dieser Geste drückt sich Vertrauen aus. Wer einem anderen gute Nacht wünscht, liefert sich ihm in gewisser Weise aus. Begibt sich in die Schutzlosigkeit und teilt dies mit. Der Satz beschreibt eine Situation, wie wir sie ganz ähnlich im Alten Testament finden: «Die Wölfe werden bei den Lämmern wohnen» (Jesaja 11,6). Da ist die Rede vom Reich des Friedens und des Versöhntseins.

Ein Traum für die Zukunft? Nein, es geht um das Heute. Versöhnung und Frieden sind möglich. Davon bin ich zutiefst überzeugt. Voraussetzung jedoch ist konkrete Versöhnung und Frieden zuallererst mit sich selbst. Friedensarbeit muss in uns selbst beginnen. Wenn dies nicht der Fall ist, dann ist sie nichts anderes als bloßer Aktivismus. Wie soll nach außen Frieden entstehen, wenn in uns selbst Unfrieden herrscht, wie soll draußen Ordnung entstehen, wenn in uns selbst das Chaos regiert? Maha Ghosananda, ein kambodschanischer Mönch und Begründer der buddhistischen Friedensmärsche in Kambodscha, drückt das so aus: «Um Frieden zu schaffen, müssen wir erst die Landminen in unserem eigenen Herzen entfernen, die uns am Friedenschaffen hindern: Hass, Gier und Täuschung.»

Fuchs und Hase – das bin ich, beides gleichzeitig. Es sind die berühmten zwei Seelen in meiner Brust. Mich mit mir selbst zu versöhnen heißt lernen, mich zu bejahen, zu lieben, anzunehmen. Und zwar nicht im Sinne von Fuchs und Fuchs bzw. Hase und Hase, denn das würde bedeuten, nur jene Teile meines Lebens anzunehmen, die mir angenehm sind und keine Probleme verursachen. Wenn sich Fuchs und Hase in meinem Leben vertrauensvoll gute Nacht sagen, bedeutet dies, dass ich lerne, auch meinen Schatten anzunehmen, meine ungeliebten Seiten zu umarmen. «Umarme deine Wut», heißt es bei Thich Nhat Hanh. Der Schatten, das sind Einstellungen, Verhaltensweisen, die mir unangenehm sind. Ins Unbewusste verdrängte Elemente – aber dort doch aktiv. Und je mehr sie unterdrückt werden, desto mehr verkommen, verwildern sie zu «Monstern». Sich damit zu versöhnen ist Arbeit mit mir selbst, an mir selbst. Es bedeutet zu lernen, zu mir selbst zu stehen, nicht zu dem, wie ich gerne sein möchte, sondern wie ich tatsächlich und «ungeschminkt» bin. Es bedeutet, in den Spiegel zu schauen, der alles wiedergibt, Licht und Dunkel. So durchbrechen wir unsere Routine im Leugnen der Realität, unsere Meisterschaft im Üben von Ignoranz, «zerreißen den Mantel der Gleichgültigkeit», wie Sophie Scholl es ausdrückt. Wir üben uns stattdessen im Hinschauen und erweitern unsere Perspektive. So gewinnt diese Übung eine immer tiefere Dimension, unser Blick weitet sich – und darum kommt sie auch nie zum Abschluss. Genau wie die Übung mit dem Bogen. Sie hat kein Ende, aber sie muss einen Anfang haben, hier und jetzt, in deinem Herzen und in deinem Konflikt. Darin liegen ihre Tiefe und ihre Dynamik.

Über die Erlebnisse, die der Buddha vor seiner Erleuchtung, also vor dem Aufgehen des Morgensterns, gehabt hat, gibt es sehr spannende Berichte. Er wurde durch Illusionen verschiedenster Art in Versuchung geführt, ihm erschienen Ungeheuer und Dämonen, seine Sinne wurden durch Erscheinungen angeregt ... Und auf alles hatte er immer dieselbe Antwort: «Das bin ich.»

Unsere Reaktion auf unseren Frust, wenn etwas, das wir uns vorgenommen haben, nicht klappt, ist dieselbe wie unsere Antwort auf den Neid, die Wut, die Depression, die wir bei anderen entdecken: «Das bin ich!» Denn: Von alledem bin ich nicht getrennt, es sind nicht «die anderen». Wenn das so ist, dann heißt das auch, die Arbeit an mir ist Arbeit an allem. Versöhnung mit mir ist Versöhnung im Kosmos. Der Weg Buddhas lehrt mich die Erfahrung von Einheit – Einheit mit den Bergen und Blumen, die mich umgeben, gleichwohl ebenso mit der Euthanasiestätte im hessischen Hadamar und anderswo, mit Gewalt und Tod und lachenden Kinderaugen.

# 2

# IM FLUSS DES LEBENS

## Veränderungen

Auch wenn wir meinen, der Hasenbach hinter unserem Haus wäre immer derselbe, stimmt das natürlich nicht. Nicht einmal sein Plätschern heute gleicht dem von gestern. Und das Wasser, das heute rauschend oder gemächlich an uns vorbeizieht, kommt nicht zurück. Selbst das Bachbett verändert sich ständig.

So ist auch unser Leben dauernd Veränderungen unterworfen. Auch unser Leben in der Mühle blieb nicht stehen. Rückblickend haben wir oft den Eindruck, als hätte es so etwas wie einen Plan gegeben, an dessen Verwirklichung wir nicht unbeteiligt waren, nach dem wir aber doch geführt wurden. Von der Nutztierhaltung und dem Biogarten ist längst nichts mehr zu sehen. Unsere eigene Entwicklung ging weiter, und das bereits erwähnte «Gott näher sein» sowie das «Einsteigen» bekamen eine neue Bedeutung.

Wieder gab es eine entscheidende Veränderung, und sie begann mit Schmerz. Brauchen wir Unglück, Schmerzen, also Grenzerfahrungen, um bereit und offen für Veränderungen zu werden? Ellen begann unter heftigen Rheumaschmerzen zu leiden. Sie hielt Ausschau nach Hilfe und wurde schließlich durch eine Bekannte zu einem Yogakurs eingeladen. Ellen war beeindruckt, berührt – und erkannte sehr bald, dass Yoga ihr Weg war. Fast wie selbstverständlich ernährte sie sich nur noch vegetarisch, und die Verbindung von bewusster Ernährung und discipliniertem, täglichem Üben bewirkte in relativ kurzer Zeit eine wunderbare Heilung. Konsequent ging sie von Stufe zu Stufe, wurde in intensiver Ausbildung am Himalaya-Institut zur leidenschaftlichen und überzeugten Yogalehrerin mit Abschluss beim BDY/EYU und weiteren Qualifikationen. Das Yoga ergänzte sie bald durch Meditation.

Die Erfahrungen und Erlebnisse meiner Frau weckten in mir den Wunsch, auch etwas für mich zu tun, mich der Meditation und ihren Wirkungen zu öffnen. Doch dieser Gedanke traf auf ungeahnten Widerstand von dem männlichen, verkopften Theologen in mir, der alles, was mit Spiritualität zu tun hatte, nicht nur für fragwürdig hielt, sondern ablehnte. Mystik war mir zwar kein Fremdwort, aber sie war in meiner bisherigen religiösen Existenz und auch im theologischen Studium nicht vorgekommen – und wenn, dann ausschließlich als merkwürdiges und eher suspektes kirchengeschichtliches Phänomen, von den Kirchen kaum geduldet und gar nicht gefördert. Die Mystiker wurden und werden mit argwöhnischen Augen betrachtet; den auf Dogmen ruhenden Institutionen ist es unheimlich, wenn sich jemand auf seine Erfahrung beruft und sich damit über ein Dogma hinwegsetzt. «Wo kämen wir hin, würde sich jeder auf seine Erfahrung berufen?»

In die gleiche Richtung zielte ein Satz, den eine stellvertretende Dekanin zum Abschluss einer Synode sagte: «Wo kämen wir hin, würde sich jeder zu Hause seinen privaten Hausaltar aufstellen?!» Ja, wo kämen wir hin? Wäre es womöglich nicht viel besser um unsere Gesellschaft bestellt, wenn jeder seinen Hausaltar hätte? Ist das Problem nicht, dass es weder Hausaltäre noch entspre-

chende Werte gibt, sondern dass die totale Säkularisie-
rung stattgefunden hat und folglich ein Verlust an Formen und Verantwortlichkeit für das Ganze? Hausaltäre
und Werte haben dem «Tanz um das Goldene Kalb» weichen müssen.

Nun, wir haben keine Hausaltäre, dafür aber Gottes-
vorstellungen, die sehr individuell sind. Bildet sich nicht
in jedem Menschen aufgrund seines Seins vor der Geburt, seiner Sozialisation, seiner Lebenserfahrung ein
anderes Gottesbild? Selbst der Atheist hat ein Gottesbild,
wenn auch ein verneinendes. Nicht der Hausaltar wäre
das Problem. Zum Problem würde er erst dann werden,
wenn er als absolut und für alle gültig erklärt würde.
Wenn die vermeintliche Wahrheit verabsolutiert wird,
werden Kriege geführt – im Großen wie im Kleinen.

Ich vergleiche die Wahrheit gerne mit einer riesigen
Kugel: Jeder Mensch, der auf dem Weg der Wahrheit ist,
schaut mit *seinen* Augen und aus *seinem* Blickwinkel auf
diese Kuppel bzw. die Wahrheit. Mancher hat einen größeren Abstand, der andere ist näher. Auch der Stand-
punkt ist niemals derselbe, sondern kann sich von Tag zu
Tag verändern. Ab und zu überschneiden sich die Winkel, mit denen ich und andere Menschen auf die Wahrheit
schauen, dann fühle ich mich mit ihnen sehr verbunden.
Doch häufig gibt es auch keinerlei Berührungspunkte,
und ich muss alleine weitergehen. Ist die Wahrheit deshalb beliebig? Bestimmt nicht, sie ist nur nicht als absolut
zu formulieren. Nur die Grundrichtung aller Menschen,
die sich zur Wahrheit hin orientieren, ist dieselbe. So sagt
der Kirchenvater Augustinus: «Liebe und tue, was du
willst», wobei wir ahnen: Das, was für den einen Liebe
ist, hat für den anderen womöglich einen negativen Bei-

geschmack. Dies anzuerkennen bewahrt mich vor Vorurteilen, Verurteilungen und damit vor der Ausgrenzung anderer, schließt aber das Alleinsein nicht aus.

In dieser geistigen Offenheit liegt die Schwierigkeit der Kirchen mit den Mystikern. Sie sind aus kirchlicher Sicht Anarchisten – und zwar nach ihrem eigenen Verständnis, das der Definition des Duden von «Anarchie» entspricht: «Gesellschaftlicher Zustand, in dem eine minimale Gewaltausübung durch Institutionen und maximale Selbstverantwortung des Einzelnen vorherrscht.» Selbstverantwortung des Einzelnen bedeutet Verantwortung für sich selbst und somit gleichzeitig für das Ganze, denn ich bin niemals vom Ganzen getrennt. Selbstverantwortung hat mit Mündigkeit zu tun, auch religiöser Mündigkeit, mit Mut und Erwachsenwerden. Zu dieser Selbständigkeit und Eigenverantwortung führt Meditation, denn meditieren heißt auch: selbständig werden.

Vielleicht rührte mein innerer Widerstand gegen die Meditation nicht nur daher, weil mir der Bereich Mystik fremd war, sondern auch, weil ich Angst davor hatte, kirchlich und religiös – in meinem eigenen Glauben – isoliert zu werden, allein zu sein. Wohin würde mich ein solcher Weg führen?

Bei meinen bereits erwähnten Begegnungen mit Menschen, die «Jugendreligionen» angehörten, hatte ich erkannt, dass diese jungen Leute etwas suchten, das mir zwar nicht vertraut, aber auch nicht völlig unbekannt war. Jahrelang hatte ich in ganz Deutschland Vorträge vor den höchsten kirchlichen Gremien beider großer Konfessionen gehalten, vor staatlichen Ausschüssen, war in Rundfunk und Fernsehen tätig gewesen und hatte von einem religiösen Defizit gesprochen, das ich sehr deutlich spürte, von einem tiefen, verzweifelten Suchen und Fragen vieler Menschen – und hatte die Unfähigkeit der Kirchen gesehen, wirkliche Antworten zu geben. Da waren so viele Verletzungen bei den einen und daneben die Unfähigkeit der anderen zu heilen.

Tragisch an meiner Wahrnehmung und Erkenntnis war, dass ich dieses Defizit auch bei mir selbst erlebte, darunter litt, innerlich daran erkrankte. Die dogmatischen Antworten, die mir seit frühester Kindheit vertraut waren, trugen nicht mehr in meinem Leben, verzahnten sich nicht mit meinem Alltag, ließen mich unbefriedigt und leer. Ich sehnte mich nach einer Quelle der Kraft, um meine ausgelaugte Pfarrerexistenz zu überwinden. Eines war mir klar: So wollte ich nicht mehr leben!

## Auf der Suche

Ich hatte noch keine klare Vorstellung von dem, was ich wollte, wusste nur, was ich *nicht* wollte: Ich wollte keine Träumereien und Fantasiereisen, keine Nabelschau im Sinne purer Selbstbeschäftigung, kein spirituelles Abheben, verbunden mit der Unfähigkeit, mein Leben zu meistern, keine Trancezustände und keine Begegnung mit parapsychologischen Phänomenen. Von den Propheten des Alten Testaments und von Jesus dem Heiler hatte ich gelernt, dass Glaube kein Privatvergnügen und Gott kein Privatbesitz ist, sondern eine Herausforderung, Verantwortung zu übernehmen, Freiheit zu leben und

Widerstand zu leisten. Ich wusste aus bisheriger Erfahrung: Religion ist untrennbar mit dem Leben verbunden. Im Vollzug des Lebens ereignet sich Religion – das Leben *ist* Religion. Gott zu verehren, ohne ihn zu verinnerlichen und ihn im Leben zu verkörpern, wird in der Bibel als Gotteslästerung gebrandmarkt.

Viele Angebote, die mir bei meiner Suche auf dem unüberschaubaren Markt der esoterischen Möglichkeiten begegneten, hielten meinen Kriterien nicht stand und waren so für mich inakzeptabel. Ich fand die Vielzahl der Angebote zwar interessant, erkannte aber schon recht früh, dass es darauf ankommt, sich auf den einmal gewählten Weg wirklich einzulassen und sich festzulegen, weil wir nur so wirkliche Veränderung und tief gehende Befreiung erfahren können. Mein Blick auf die mystische christliche Bewegung der Gegenwart zeigte mir zwar einige Ansätze zu tiefer religiöser Erfahrung. Diese waren jedoch meist konservativ oder gar fundamentalistisch geprägt, und ich fand keine Menschen, die einen traditionsreichen Weg gingen und für mich überzeugend waren (damit ist nicht gesagt, dass es diese Menschen nicht gab oder gibt).

Schließlich führte mich mein Weg zum Zen-Buddhismus. Auch meine Frau schloss sich an, und es begann für uns eine spannende gemeinsame Zeit. Bis heute sind wir den Zen-Weg beide gegangen, unsere Erfahrungen jedoch sind ganz unterschiedlich. Das ist hilfreich für uns und für die Menschen, die wir begleiten.

Wenn ich jetzt darüber nachdenke, was mich an Zen elektrisiert, fasziniert, berührt, überzeugt und begeistert hat, so sind es im Wesentlichen sechs Punkte:

1. Zen ist ein alter, traditionsreicher und allmählicher Weg. Seit Jahrhunderten sind ihn Millionen Menschen aus Überzeugung gegangen, sonst wäre er nicht heute noch lebendig. Das schafft Vertrauen. (Ich mag keine modernen, schnellen Techniken.)
2. Ich fand fromme und kompetente Lehrer, die weltoffen und überzeugend waren, und mir war sehr rasch klar, dass es ohne unterstützende Begleitung kaum möglich ist, einen spirituellen Weg zu gehen.
3. Ich fand eine der Welt und ihren Herausforderungen zugewandte Praxis, Nüchternheit und Klarheit,
4. eine offene, freie Geisteshaltung mit fester Verwurzelung in der Tiefe,
5. ein neues, erweitertes Verständnis meines Christseins ohne Dogmen, Schuldzuweisungen, ohne Himmel und Hölle. «Keine Sünde, kein Segen, kein Verlust und kein Gewinn, suche solche Dinge nicht inmitten des vollkommenen Friedens», heißt es in *Shodoka* von Yoka Daishi.
6. Ich durfte lernen, dass Religion etwas mit Freiheit zu tun hat, ja Freiheit ist. Und so hat die berühmte Antwort des Zen-Patriarchen Bodhidharma* auf die Frage des Kaisers nach der heiligen Wahrheit – «Offene Weite, nichts von heilig!» – auch in unserer Zeit nichts von ihrer ursprünglichen Faszination verloren.

Diese Gedanken waren am Anfang natürlich mehr Ahnungen als Erkenntnisse, denn wie die meisten Menschen durchlebte auch ich zunächst drei Phasen auf meinem Zen-Weg.

Die erste Phase, die schon sehr früh begann, war das «Hören mit dem Ohr». Das ist für uns Westler das

«Lesen mit dem Auge». So entdeckte ich vor etwa einem Jahr ein Zen-Buch in unserer Bibliothek, das ich vor fast dreißig Jahren angeschafft und in dem ich während meiner Auseinandersetzungen mit den Jugendreligionen eifrig gelesen hatte. Meine Auseinandersetzung mit dem Zen-Buddhismus hatte offenbar damals schon begonnen.

Sind wir von den Ideen beeindruckt und fühlen uns angesprochen, erreichen wir die zweite Phase, das «Nachsinnen im Herzen». Das ist die Phase des Berührt-werdens. Wir spüren, dass wir eine Dimension betreten, die sich unserem logischen, analytischen Denken entzieht, ohne deshalb unvernünftig zu sein.

Nun folgt die dritte Phase, das «Üben mit dem Körper» – Zazen, das Sitzen im Zen. Robert Aitken, einer der erfahrensten westlichen Zen-Meister, antwortete einmal auf die Frage, was vom Zen unbedingt erhalten bleiben müsse, wenn es im Westen Fuß fassen solle: das Zazen. Das ist in der Regel die schwierigste Phase, weil dieses Sitzen für uns körperlich ungewohnt ist, selbst wenn wir vom berühmten Lotossitz noch meilenweit entfernt sind. Trotzdem sind für uns damit oft heftige körperliche Schmerzen verbunden. Aber es sind nicht allein die Schmerzen. Es ist auch die Herausforderung, wirklich still zu sitzen, das heißt, sich in aufrechter Haltung nicht zu bewegen. Ein wahrhaftiger spiritueller Weg verläuft immer zum Körper, ist «Im-Körper-Erfahrung». Im Körper verbinden wir uns mit dem Leben, mit unseren Gefühlen, schlicht mit unserem Jetzt. Nur so können wir erwachen. Wenn dieser Schritt als unwichtig betrachtet wird oder wenn wir ihm ausweichen, verlagert sich unsere Übung vom Bauch zum Herzen, von dort wieder ins Gehirn und lässt allerlei großartige

philosophische Spekulationen entstehen, die den Eindruck erwecken, als wüssten wir im Zen ganz gut Be-
scheid, die uns aber von der eigentlichen Übung weg-
führen. Wir erstarren – und verändern nichts. Mit Zen
hat das dann rein gar nichts zu tun.

## Erste Erfahrungen mit dem Zen

Lange Zeit habe ich – wie viele andere auch – aus
Büchern gelernt und mit großer Disziplin tagtäglich
Zazen geübt. Mein Tag begann jetzt dreißig Minuten vor
der üblichen Zeit, und ich lernte, mit allen Gefühlen, ob
Lust oder Unlust, umzugehen, darüber hinaus- oder
durch sie hindurchzugehen.

Eines Tages saß ich an meinem Schreibtisch, und zu
meiner Überraschung störte mich plötzlich das Durch-
einander. Bisher hatte ich damit gelebt: Das Genie beherrscht das Chaos. Doch auf einmal mochte ich das
nicht mehr sehen und begann aufzuräumen, Ordnung zu
schaffen. Hatte das etwas mit meiner Zen-Übung zu tun?
Ich wusste es nicht. Heute weiß ich, dass Zen eine sehr
ausgleichende Funktion in unserem Leben haben kann.
Aus dem Chaos wird Ordnung, aus übertriebener Disziplin ein gelassener Umgang. Damals, erinnere ich mich,
räumte ich nicht nur meinen Schreibtisch auf. Es war
vielmehr die Spiegelung eines anderen Auf- und Ausräu-
mens, das in meinem Inneren stattfand. Das Faszinie-
rende ist eben, dass gerade weil wir nichts wollen, nichts
erwarten, plötzlich etwas ganz Überraschendes gesche-

hen kann. Diese Beobachtung, dass Zen ausgleichend und harmonisierend wirkt, konnte ich in späteren Jahren als Zen-Lehrer immer wieder an meinen Schülern beobachten.

Unsere Entwicklung – die meiner Frau und meine eigene – setzte sich fort. Ich machte einige Zen-Einführungen mit, ohne dass sich jedoch daraus eine Perspektive entwickelt hätte. Dann stieß ich auf die Einladung zu einer Zen-Einführung in Damme, im dortigen Priorat St. Benedikt, geleitet von einem evangelischen Pfarrer und Zen-Lehrbeauftragten von Pater Willigis Jäger, nämlich Rolf Drosten, dem heutigen Zen-Meister des Diamond Sangha. Dieser Einführung folgte mein erstes Sesshin* (mehrtägiges Sitzen im Zen). Ich wurde offiziell als Schüler angenommen, wenig später auch meine Frau.

In meinem täglichen Übungsablauf veränderte sich dadurch nicht sehr viel. Ich stand noch etwas früher auf, meist um fünf Uhr, um genügend Zeit für Zazen zu haben. Was sich jedoch deutlich veränderte, war meine innere Einstellung. Meine Übung wurde verbindlich, Zen war kein Hobby mehr, sondern entwickelte sich zu einer Lebenspraxis. Dieser innere Wandel ist ein wenig zu vergleichen mit der Entwicklung von Verliebtsein zu Liebe. Im Laufe der Zeit wird die Beziehung verbindlicher. Das Interesse an anderen Frauen bzw. Männern geht zurück, es entstehen Vertrauen, Verbindlichkeit, Verantwortung füreinander und eine mögliche Perspektive für ein gemeinsames Leben.

## Brauchen wir einen Lehrer?

Wozu benötigen wir einen Lehrer? Jemand sagte einmal sinngemäß: Der Lehrer schafft uns Probleme, die wir ohne ihn nicht hätten. Tatsächlich haben wir alles, was wir brauchen, in uns. Aber um es zu entdecken, bedarf es manchmal eines Menschen, der uns ermutigt, uns mit der ihm eigenen Kraft, erworben in jahrelanger Übung, und mit dem Zeugnis, das sein eigenes Leben, sein eigenes Üben darstellen, zuruft: «Hör nicht auf! Mach weiter! Hör niemals auf! Vertiefe deine Erfahrung!»

Der Zen-Lehrer ist kein Guru, er ist auch nicht unfehlbar. Er reißt sich den Heiligenschein, den die Schülerinnen und Schüler ihm gerne aufsetzen möchten, vom Kopf, weil er weiß, dass diese Art von Verehrung in einer Enttäuschung enden muss. Irgendwann findet sich ein Wort, eine Verhaltensweise, die zu der enttäuschten Aussage führt: «Das hätte ich aber nicht gedacht!» Grund, Inhalt und Ziel der Verehrung ist der Dharma, die Lehre des Buddha, die freilich über die Lehrerin oder den Lehrer vermittelt wird. Was ich von ihm erwarten darf, ist sein ehrliches Bemühen, den Weg konsequent zu gehen, und was unabdingbar ist, ist sein Vorsprung an meditativer Erfahrung und Kraft. Das Ziel einer Schüler-Lehrer-Beziehung ist nicht Abhängigkeit, sondern die Unterstützung des Schülers bei dem Bemühen, spirituell erwachsen, also sein eigener Meister zu werden. Ein junger Mann kommt mit den Worten zu mir: «Ich habe Vertrauen zu dir, ich möchte gerne dein Schüler werden.» «Okay», sage ich, «dann wollen wir miteinander schauen, dass du Vertrauen zu dir selbst bekommst.»

Viele Menschen üben Jahre für sich allein – und auch ich habe das lange Zeit so gehalten. Dabei passiert es leicht, dass wir uns ein selbst gebautes Konzept von Zen aneignen, dass wir uns die «Rosinen» vom Zen-Kuchen nehmen, uns in eine private Glückseligkeit, spirituelle Bequemlichkeit und damit in eine neue Täuschung begeben. So entsteht aus unserer Übungspraxis keine wirkliche Veränderung.

Ohne eine Vertrauensbeziehung zu einer Lehrerin/ einem Lehrer gibt es keine Heilung. Viele unserer Ängste und Leiden, durch die wir uns verschlossen und von uns selbst isolierten, haben ihre Ursache in der Vergangenheit. Einen Lehrer zu haben bedeutet zuzulassen, dass es jemanden gibt, der unsere tiefsten Ängste und finstersten Abgründe sieht und liebevoll annimmt. Aus dieser Erfahrung lernen wir, uns selbst anzunehmen und zu einer liebevollen Akzeptanz und Berührung unseres eigenen Lebens zu gelangen.

Immer dann, wenn in unserem Herzen etwas zum Klingen kommt, eine Stimme sagt: «Ja, das ist es, das ist die Wahrheit», dann sind wir unserem Lehrer begegnet. Das kann eine bestimmte Person sein, dann ist sie unser menschlicher Lehrer, und wir können ein offizielles Schüler-Lehrer-Verhältnis aufbauen. Aber jeder Grashalm, jeder Vogelgesang, jede Schnecke, die dreißig Millionen Jahre alten Felsen neben unserer Scheune können mein Lehrer werden, können mir helfen, mich selbst zu entdecken, mein wahres Wesen sichtbar werden zu lassen. Es ist schon immer da – und doch bin ich meilenweit davon entfernt.

Manche glauben, dass ihnen die tägliche Übungspraxis mit dem Schülersein leichter fällt. Selbstverständlich gibt es durch das Schülersein eine starke energetische Verbindung, eine hilfreiche Kraft, die tragen und bestärken kann. Letztlich aber liegt es ganz allein an mir, ob ich mich regelmäßig, das heißt täglich und möglichst zu einer bestimmten Uhrzeit auf das Kissen oder Stühlchen setze. Niemand kann mir den inneren Kampf abnehmen, niemand außer mir selbst muss mit den tausend Ausreden umgehen lernen, die «der kleine Mann» oder «die kleine Frau» in meinem Ohr mir immer wieder einflüstert. Mal geht es mir so gut, dass ich nicht zu üben brauche, mal geht es mir so schlecht, dass ich nicht üben kann – und so weiter. Es ist unglaublich, wie erfinderisch wir sind, wenn wir einen scheinbar plausiblen Grund suchen, um uns der Übungspraxis zu entziehen, obwohl wir jedes Mal mit Freude und Dankbarkeit feststellen können, wie gut sie uns tut und wie wichtig sie für das Wachsen von Geduld und Gelassenheit ist. Der Anfang ist relativ leicht, das Dranbleiben oft hart, vor allem dann, wenn es darum geht, einfach weiterzumachen, ohne nach Ergebnissen zu fragen.

Irgendwann war ich die Diskussionen mit mir selbst – «Soll ich heute üben oder nicht?» – leid und beschloss, diesen nervigen Dialog nicht mehr zu führen. Ich entschied, meine Zazen-Übung mit der gleichen Selbstverständlichkeit zu tun, mit der ich mir die Zähne putzte – da überlegte ich auch nicht dauernd, ob es gesund ist. Ich tat es einfach, basta. Diese Einstellung half mir sehr. Die Übung als eine Selbstverständlichkeit zu sehen hat ihren Wert keineswegs gemindert.

## Das Haus bekommt ein Dach

Viele Jahre war ich Schüler bei Ehrwürden Rolf Drosten und nahm teilweise an bis zu fünf oder sechs Sesshins pro Jahr teil. Zu dieser Zeit, also vor zwölf Jahren, begannen wir damit, eigene Veranstaltungen anzubieten: Yoga durch meine Frau, Bogenschießen und Wochenenden der Stille durch mich.

Später wechselten wir die Zen-Traditionslinie und wurden 1998 in der großen Soto-Schule durch den Ehrwürdigen Ryu Un Tai San zu Zen-Lehrern in der Linie des japanischen Meisters Kobun Chino Otogawa ernannt, der leider im Sommer 2002 verstorben ist. Drei Jahre später bekamen wir durch den direkten und einzigen Dharma-Nachfolger von Kobun Roshi, Jako Esso Vanja Palmers, das Siegel der Bestätigung (jap. Inka-Shomei). Mit dieser wichtigen Zeremonie traten wir beide seine Nachfolge an. Das war 2001. Bis dahin hatte unser Haus den Beinamen «Haus der Besinnung und Begegnung». Aufgrund der endgültigen Bestätigung bekam es den Zen-Namen Sei-Sui-Zendo.

Vor der Ernennung hatte ich folgenden Traum: Da ist ein Zug. Er fährt auf einem nicht klar zu erkennenden Gleis. Die Wagons, die voller Menschen sind, haben alle kein Dach ... Genau das war unsere damalige Situation. Doch mit dem Siegel der Bestätigung gab es nun ein Dach und ein klares Profil: ein kleines Zen-Zentrum, bestehend aus dem Dojo (dem Übungsraum für Zazen und Yoga), einem Tagesraum, Sanitäranlagen, der Anlage für den Bogenweg, einem Meditationsweg um den Teich und einigen Zimmern zum Übernachten im Ort Singhofen.

43

Leserinnen und Leser, die mit der Zen-Praxis nicht vertraut sind, wundern sich wahrscheinlich über meine genaue Beschreibung des Traditionsweges. Das hat damit zu tun, dass alle Titel – egal ob Zen-Meister, Roshi, Sensei – ungeschützt sind, was bedeutet: Jeder kann sich einen solchen Titel zulegen. Das Siegel der Bestätigung jedoch wird unter ordinierten Zeugen gegeben und ist darum wichtiger als alle Titel. Einer der Gründe, warum Zen über zweitausend Jahre so lebendig geblieben ist, liegt in der respektvollen Wahrnehmung dieser lebendigen Tradition, der Übertragung «von meinem Herzen zu deinem Herzen». Die Beachtung der Traditionslinie ist für den Suchenden wichtig und ein wesentliches Krite-

*Das kleine Zentrum, vom Meditationsweg um den Teich aus gesehen*

*Blick in das Dojo*

rium zur Beantwortung der Frage: Welcher Linie, welchem Sangha*, welchem Lehrer/welcher Lehrerin soll ich mich anschließen?

Die Berufung auf die Tradition, auf große Meister, bei denen gelernt wurde, allein jedoch genügt nicht. Es müssen zwei wesentliche Kriterien hinzukommen:

- Wird das, was die lehrenden Personen vermitteln, von ihnen selbst glaubhaft und überzeugend gelebt? Nicht im Sinne von Vollkommenheit; aber das ernsthafte Bemühen sollte deutlich erkennbar sein – auch um einen ethischen Lebenswandel.
- Jesus wurde von zwei Jüngern von Johannes dem Täufer in dessen Auftrag gefragt: «Bist du, der da kommen soll, oder sollen wir eines anderen warten?» (Matthäus 11,3) Jesus antwortet: «Blinde sehen, Lahme gehen,

Aussätzige werden rein, Taube hören und den Armen wird das Evangelium gepredigt ...» (Matthäus 11,5) Johannes der Täufer, der selbst leidenschaftlich auf Jesus hingewiesen, der ihn getauft hat und bei seiner Sendung durch die Stimme vom Himmel anwesend war, ist irritiert. Er fragt nach der Stimmigkeit, nach der Autorität, in deren Namen Jesus handelt. Und Jesus? Er verweist in seiner Antwort weder auf seinen geistigen Lehrer Johannes, auch nicht auf die Stimme vom Himmel, also seinen Vater. Er beruft sich nicht auf irgendwelche «Autoritäten», sondern er benennt das, was geschieht, was sichtbar wird. Buddhistisch formuliert heißt das: Es geschieht Befreiung von Leid in einem umfassenden, ganzheitlichen Sinn; und die Einladung, die wiederholt und übereinstimmend sowohl von Shakyamuni Buddha als auch von Jesus von Nazareth ausgesprochen wird, lautet: «Komm und sieh!» Buddha empfiehlt, nicht zu glauben, sondern alles zu überprüfen, seine Lehre auf ihre Stimmigkeit zu hinterfragen – und Jesus sagt: «An ihren Früchten sollt ihr sie erkennen!» (Matthäus 7,16)

# 3

# I HAVE ARRIVED! ODER: WAS IST ZEN?

## Wirklich ankommen dauert

Vor einiger Zeit kam ich in ein Meditationshaus, in dessen Eingangsbereich ein Schild mit der Aufschrift «I have arrived» hing. Ja, dachte ich. Stimmt! Jetzt bin ich da. Achthundert Kilometer Autobahnfahrt lagen hinter mir, rechts und links waren meine Taschen, mein Bettzeug. Es hat jedoch fast drei Tage gedauert, bis ich wirklich angekommen war. Wir schleppen unsere Rucksäcke der Vergangenheit und unsere Koffer der Zukunft oft sehr lange mit uns herum; und wenn gesagt wird, man solle in einen Meditationsraum keine Taschen mitnehmen und seine Schuhe ausziehen, dann hat das eine wichtige symbolische Bedeutung. Häufig bedarf es einer größeren Zeitspanne, bis wir «ankommen». Denn «ankommen» meint: keine Vergangenheit, keine Zukunft. Meint, einfach nur da sein, in diesem Augenblick. Es dauert oft lange, bis wir auf unseren Weg gelangen, bis wir den Vorschlag, den das Leben uns macht, verstehen und – endlich! – irgendwann ankommen.

Als der Film *Erleuchtung garantiert* von Doris Dörrie in den deutschen Kinos lief, schauten wir ihn uns an. Im ersten Teil des Films fragte ich mich immer wieder, ob ich im richtigen Kino war, denn von Wegsuche, Innerlichkeit oder gar Erleuchtung war weder etwas zu sehen noch zu hören. Es dauerte unendlich lange, bis die beiden Hauptdarsteller schließlich mit buchstäblich leeren Händen im Kloster ankamen. Nur langsam wurde mir klar:

Genau so ist es! Es war ein langer Prozess, bis ich an den Punkt kam, der mich sagen ließ: So will ich nicht weiterleben. Oder um es positiv zu formulieren und mit den Worten des «verlorenen Sohnes» im Neuen Testament zu sprechen: «Ich will mich aufmachen ...» (Lukas 15,18) Meist müssen erst viele unterschiedliche Ereignisse in unserem Leben eintreten, zahlreiche Hoffnungen zerbrechen, Grenzerfahrungen unser Lebensbild erschüttern, unausweichliche Fragen sich in den Weg stellen, Hindernisse unüberwindbar werden – bis endlich der Wille da ist und die Entschlossenheit und die Verzweiflung, die Not und unsere Sehnsucht nach Heil so groß sind, dass wir uns aufmachen, dass wir lernen, etwas zu tun.

Von dieser wilden Entschlossenheit, die nötig ist, um unseren Heilungsprozess in Gang zu setzen, zeugt die Geschichte von Gautama Buddha, der sich nach vielen entbehrungsreichen Jahren des Suchens unter den berühmten *Ficus religiosa,* den Bodhi-Baum, setzte und sagte (wie in *Der Weg des Buddha* nachzulesen ist):

Mag mein Körper hier auf diesem Platz vertrocknen, mögen mir Haut, Knochen und Fleisch hinschwinden – bevor ich nicht die in vielen Weltaltern schwer zu erlangende Erleuchtung erreicht habe, werde ich mich nicht von diesem Sitz regen.

Wenn wir an jenen Punkt gelangen, an dem uns klar wird, dass unserem Leben etwas Substanzielles fehlt, dann kann der nächste Schritt eine lange Reise werden, deren Ziel wir nicht kennen und die nicht nur deshalb abenteuerlich ist. Die Beschränkung unseres Blickes auf den nächsten Schritt ist eine ziemliche Herausforderung, denn viel lieber wäre uns eine Methode, die uns einen Scheinwerfer in die Hand gibt, mit dem wir den Rest unseres Lebens ausleuchten können. Eine Illustration auf einer Weihnachtskarte veranschaulicht, worauf es auf unserem Lebensweg ankommt. Sie zeigt Maria und Joseph mit dem Kind auf der Flucht vor Herodes. Joseph führt den Esel. Er hat nichts als seinen Traum, seine Vision und eine kleine Laterne, die immer nur den nächsten Schritt ausleuchtet ... Wir brauchen Entschlossenheit und den Willen dranzubleiben. Das sind zwei wichtige Pfeiler, damit wir uns eines Tages auf den Weg des Dharma begeben können.

## Was ist Zen?

Diese Frage ist so alt wie die Übung selbst. Ich will Ihnen zunächst ein paar klassische Antworten geben, um diese dann in meine Antwort zu übertragen.

- Ich erwähnte bereits Bodhidharma, den großen Zen-Patriarchen. Auf die Frage des Kaisers, «Welches ist die höchste Wahrheit?», antwortete er: «Offene Weite – nichts von heilig.»
- Joshu*, einer der bekanntesten Zen-Meister aus China, wurde gefragt: «Welchen Sinn hat es, dass der Patriarch (Bodhidharma) aus dem Westen kam?» Joshu antwortete: «Die Eiche im Vorgarten.»
- Zu eben diesem Joshu kam eines Tages ein Mönch und

bat um Unterweisung. Joshu fragte: «Hast du schon ge-frühstückt?» Als der Mönch bejahte, sagte Joshu: «Dann wasche deine Essschale.»

Hinter diesen und vielen ähnlichen Fragen steht immer die eine Frage: Was ist die Bedeutung des Zen? Was ist der Sinn meines Lebens? Die Meister weichen dieser Frage keineswegs aus – auch wenn es so scheinen mag. Sie be-antworten sie aber auch nicht. Die Antworten gleichen vielmehr dem berühmten ausgestreckten Finger, der auf den Mond zeigt. Wir können über diese merkwürdigen Antworten nachgrübeln, dann sind wir am Finger hän-gen geblieben. Oder wir erwachen zu dem, wohin der Finger zeigt, aber dies ist nicht in Worten zu finden.

Was den Antworten gemeinsam ist, das ist der Hin-weis auf den Augenblick, auf *diesen* Moment. Zen ist nichts anderes als die wache Erfahrung des voll gelebten Augenblicks, in dem alles von uns abfällt, wir also ganz *leer* sind – oder «prall gefüllt mit Leerheit». Damit wird klar, dass Zen keine Meditation im üblichen Sinne ist, sondern eine Übung. Meditation wird als «sinnende Be-trachtung» beschrieben. Zen aber ist gegenstandsfrei. Das heißt, es gibt keinen Gegenstand im Sinne eines Wortes, Textes, Bildes o. Ä., das sinnend zu betrachten wäre.

Genau das zeigen die Antworten der Zen-Meister, das Bild mit dem ausgestreckten Finger oder der Hieb mit dem Stock, dem Kyosaku*, wie er in manchen Schulen benutzt wird. Es ist immer der Weg von der Zerstreuung zur Sammlung, von philosophischen oder religiös-philo-sophischen Fragen – z. B. nach dem Sinn des Lebens – zum Sein. Oder um es anders zu beschreiben: Zen ist nicht zu verstehen, sondern zu üben. Der Augenblick ist nicht zu verstehen, sondern zu erleben. Es geht nicht darum, die Frage nach dem Sinn des Lebens beantworten zu können, sondern darum zu lernen, das Leben zu leben.

Der Weg, um von außen nach innen zu kommen, führt über das stille, möglichst unbewegte Sitzen, verbunden mit der Beobachtung des Atems. Die klassische Form der Übung in der Soto-Tradition wird Shikantaza (wörtl. «nichts als treffend sitzen») genannt. Dies ist nach dem bedeutenden japanischen Meister Dogen «die höchste oder reinste Form des Zazen, das Zazen, wie es alle Buddhas der Vergangenheit geübt haben» *(Das Lexikon des Zen)*. Es geht um das hellwache Verweilen in einem Zustand, der frei ist von Gedanken, Objekten oder Inhalten irgendwelcher Art.

Dabei ist jedoch wichtig, dass «frei von Gedanken» nicht heißt, es kämen keine Gedanken. Gedanken werden immer kommen, solange wir leben. Wer keine Gedanken hat, ist in einem Zustand des Dösens – das aber ist kein Zen. Es geht vielmehr darum, ganz wach, ganz offen zu sein für alles, was kommt: Gedanken an die Vergangenheit oder Zukunft, Gefühle wie Trauer, Wut, Resignation, Bewusstsein für Schmerzen körperlicher und psychischer Art. Der Umgang mit allem, was da kommt, könnte z. B. folgendermaßen verlaufen:

1. Ich schaue mir alles an: Wichtiges, Unwichtiges, Schönes, Widerliches.
2. Ich gebe dem, was kommt, einen Namen. Also: gestern, morgen, Wut, Enttäuschung usw.
3. Ich beginne einen kurzen Dialog: «Ah, da bist du wieder … Ich kenne dich doch …»

4. Ich kehre zu meiner Übung zurück, zur Beobachtung meines Atems, und stelle fest, dass der Gedanke sich aufgelöst hat wie eine Wolke am Himmel.

Beachten Sie bitte: Häufig sind wir von unseren Gedanken regelrecht umklammert, wir kreisen, ziehen dabei die Furchen immer tiefer, sind unfähig, uns zu lösen … Der Gedanke wird zum Monster, das uns festhält, an uns zerrt. Durch den Dialog schaffen wir Abstand, bekommen eine Haltung der Souveränität, sind nicht mehr Opfer, sondern Gestalter dieses Augenblicks.

Was bedeutet nun «zur Beobachtung meines Atems zurückkehren»? Der Buddha hat es so ausgedrückt (nachzulesen in *Das Wunder des bewussten Atmens*):

> Da begibt sich der oder die Übende in den Wald, zum Fuße eines Baumes oder an einen anderen einsamen Ort, setzt sich mit gekreuzten Beinen in einer stabilen Haltung nieder, hält den Körper gerade aufgerichtet und übt folgendermaßen:
> Wenn ich einatme, weiß ich, dass ich einatme; und wenn ich ausatme, weiß ich, dass ich ausatme.
> Bei langem Einatmen weiß ich: «Ich atme lang ein.» Bei langem Ausatmen weiß ich: «Ich atme lang aus.»
> Bei kurzem Einatmen weiß ich: «Ich atme kurz ein.» Bei kurzem Ausatmen weiß ich: «Ich atme kurz aus.»

In dieser Bewusstmachung des Atems gibt es keine Bewertung, sondern nur die nüchterne Feststellung dessen, was ist – allerdings mit der großen Chance auf eine Veränderung, die wie von selbst geschehen kann (die Wolke verzieht sich). Denn dieser Vorgang, der sich dauernd wiederholen möchte, birgt in sich eine verwandelnde Kraft. Das Finden und Bejahen des jetzt gelebten Augenblicks wird zu einer Übung, die mir hilft, mein Leben zu akzeptieren, wie es gerade ist – aber nicht im Sinne von Resignation. Im Gegenteil! Im Aufgeben des Widerstandes gegen etwas, das mir nicht gefällt, konzentrieren sich alle meine Kräfte auf das, was im Augenblick zur Gestaltung meines Lebens ansteht.

Das ist eine gute Nachricht! Es gibt die Möglichkeit der Befreiung, wenn wir uns in der rechten Weise bemühen. Lesen Sie vor diesem Hintergrund noch einmal die Antworten der Zen-Meister oben, und Sie werden anfangen zu ahnen, was ich meine.

Warum kehren wir anschließend zum Atem zurück? Der Atem hat in vielen Religionen eine große Bedeutung, auch im Christentum. In der Schöpfungsgeschichte heißt es: »Gott hauchte ihm (dem Menschen) den Atem des Lebens ein.« (1. Buch Mose, 2,7) Für mich ist der Atem eine Brücke zwischen Innen und Außen. Er gehört sowohl zum feinstofflichen als auch zum grobstofflichen Bereich, er gehört ganz und gar zu mir, und gleichzeitig entzieht er sich mir in dauerndem Wechsel, er ist ganz individuell und unwiederholbar. Er ermöglicht mir das Leben, durch ihn bin ich mit allem verbunden.

Diese Art zu üben nennen wir Zen-Weg. Dabei ist wichtig, dass wir aus diesem Weg nicht eine Art Gegenstand, ein Objekt machen, dass wir diesen Weg also nicht materialisieren. In einem wunderschönen Text von Kabir heißt es:

Zu welchem Ufer willst du gelangen, mein Herz?
Es gibt keinen Weg und niemand, der dir vorangeht.

Was heißt schon Kommen und Gehen?
An jenem Ufer kein Boot und kein Fährmann, das Boot
zu verankern.
Da gibt es weder Himmel noch Erde,
weder Zeit noch Ding, kein Ufer keine Küste.
Bedenke es wohl, mein Herz!
Gehe nicht anderswohin.

Wenn ich im Folgenden das Wort «Weg» verwende, meine ich damit eine bestimmte Methode, eine bestimmte Art des Übens, so wie dies bereits kurz beschrieben wurde. Aus dieser Übung erwächst eine besondere Geisteshaltung. Darum wird der Buddhismus auch nicht als Religion in unserem westlichen Sinn definiert, sondern als Geistesschulung. Die Schulung ist die Übung. Was daraus wachsen kann, ist die geistige, innere Haltung, die Form. Menschen des Weges müssen also gehen. Ohne das Gehen ist ein Weg nichts anderes als eine merkwürdige Aufschüttung von Schotter, Lehm oder Ähnlichem. Nur durch das Gehen wird der Weg zum Weg. Den Zen-Weg gehen heißt, den Weg zum Gipfel zu wählen und zu wissen, dass jeder Schritt des Weges der Gipfel ist, denn der gelebte Augenblick ist der Weg – und wenn dieser Augenblick in seiner ganzen Fülle, seiner Schönheit wie seiner Hässlichkeit, erlebt wird, werde ich selbst zum Weg … Ist das gemeint, wenn der Mystiker Johannes in seinem Evangelium Jesus sagen lässt: «Ich bin der Weg»? (14,6) Ist der Weg das Ziel? Ja, sicher. Aber es gilt auch: Das Ziel ist der Weg.

## Glückseligkeit von Augenblick zu Augenblick

Wie ist dies möglich? Die Brücke zu Glückseligkeit ist die Übung der Achtsamkeit/Aufmerksamkeit. Achtsamkeit wird oft als Betulichkeit missverstanden. Aber darum geht es nicht. Es geht um das klare Bewusstsein im Augenblick, und zwar ohne Interpretation, ohne Beurteilung. Es geht um das reine *Annehmen*. Buddha wurde einmal gebeten, seine Lehre in einem Wort zusammenzufassen. Er antwortete: «Bewusstheit.» Das mag Ihnen erst mal sehr wenig erscheinen – also erzähle ich Ihnen zunächst eine kleine Geschichte.

Eines Tages sagte ein Mann aus dem Volk zu Zen-Meister Ikkyu: «Meister, wollt ihr mir bitte einige Grundregeln der höchsten Weisheit aufschreiben?» Ikkyu griff sofort zum Pinsel und schrieb «Aufmerksamkeit». «Ist das alles?», fragte der Mann. «Wollt Ihr nicht noch etwas hinzufügen?» Ikkyu schrieb daraufhin zweimal hintereinander «Aufmerksamkeit, Aufmerksamkeit». «Nun», meinte der Mann ziemlich gereizt, «ich sehe wirklich nicht viel Tiefes oder Geistreiches in dem, was Ihr gerade geschrieben habt.» Daraufhin schrieb Ikkyu das gleiche Wort dreimal hintereinander: «Aufmerksamkeit, Aufmerksamkeit, Aufmerksamkeit.» Halb verärgert begehrte der Mann zu wissen: «Was bedeutet dieses Wort ‹Aufmerksamkeit›?» Und Ikkyu antwortete sanft: «Aufmerksamkeit bedeutet Aufmerksamkeit.»

Diese Form der Übung bezieht sich nicht nur auf unsere Sitz-Meditation. Sie wird auch bei der Bogenübung mit ihren verschiedenen Stationen intensiv trainiert. Achtsamkeit meint darüber hinaus sämtliche alltäglichen Situationen, ganz gleich, ob wichtig oder weniger wichtig. Sie denken sicherlich: Wenn das alles sein soll, dann muss doch etwas ganz Tiefes, Großartiges dahinter sein. Aber es gibt nichts dahinter! Es geht um die kleinen, alltäglichen Dinge des Lebens. So wird ein Zen-Mönch vom Meister gefragt: «Wo hast du deinen Regenschirm abgestellt?» Ja, wo und wie stehen deine Schuhe, dein Stuhl, auf dem du gerade gesessen hast? Wie hast du gerade zugehört? Versuchen Sie, einmal nur eine Stunde lang in dieser Aufmerksamkeit zu leben, und Sie werden feststellen, wie sich Ihr Leben verändert. Es wird reicher, klarer, lebendiger. Kurz: Achtsamkeit bringt reine Lebensqualität in Form von Tiefe, Schönheit, Menschlichkeit.

Konkret heißt das, unsere Konzentrationskraft wird gesteigert, unser Erinnerungsvermögen wird sich verbessern, die Wahrnehmung unserer Umwelt wird intensiver. «Jetzt sehe ich zum ersten Mal, wie wundervoll die Blume blüht!» Aber auch das Schmerzsignal unseres Körpers nehmen wir wahr, die brutale Überforderung des Herzens oder die Verspannung der Muskeln ebenso wie die Schmerzensschreie einer durch uns Menschen gequälten Welt.

Seien Sie nicht enttäuscht, wenn das nicht auf Anhieb klappt. Theoretisch sieht das ganz leicht aus. Aber praktisch ist nichts schwieriger. Zählen Sie einmal bis fünf, ohne an etwas anderes zu denken. Das ist richtige Schwerstarbeit, weil der Geist sich weigert, ganz und gar in der Gegenwart zu sein.

## «Alles in uns schweige ...»

Der Text dieses Kirchenliedes ist mir aus frühester Kindheit bekannt, aber niemand sagte mir, was Schweigen ist und wie es zu praktizieren ist.

Es gibt zwei Arten von Schweigen: ein abgestumpftes, apathisches, liebloses oder beleidigtes Schweigen bzw. ein Schweigen zwischen Menschen, die sich nichts (mehr) zu sagen haben. Diese Form des Schweigens ist nicht gemeint, sondern ein Nichtreden als asketische Übung. Im Zen geht es um ein Schweigen mit dem Mund, mit den Augen, mit den Gesten. Schweigen meint Zurücknehmen aller Auffälligkeiten: Kleidung, Parfüm, alles Haschen nach Effekten. Aber das ist äußerlich. Schweigen meint noch mehr: Zur-Ruhe-Kommen des Geistes, Ende der inneren Dialoge, Ende auch des «Ich will aber ...». Nach einer gewissen Zeit des Übens merken wir, wie wertvoll dieses Schweigen ist. Wie schön, keine Kommentare abgeben zu müssen. Niemand erwartet etwas von mir. Und: Ich habe den ungestörten Raum für meine Tränen, meinen Schmerz und mein Glück.

Wie konsequent ich dieses Schweigen während eines Sesshin verstehe, mache ich gerne an einer kleinen Geschichte deutlich: Ich war bei einem japanischen Meister, und er servierte grünen Tee. Dabei erklärte er mir: «Dieser Tee wird bei fünfundsechzig Grad übergossen. Nicht sechsundsechzig und auch nicht vierundsechzig, sondern fünfundsechzig Grad.» Erst später wurde mir klar: Er hat mir nicht nur etwas über das Aufbrühen von Grüntee erzählt. So ist es mit dem Schweigen. Fünfundsechzig Grad! Ein wenig reden heißt, nicht mehr zu schweigen.

Anfänglich kann es sein, dass wir uns sehr einsam fühlen. Wir wünschen Gruppendiskussionen, Austausch mit Mitübenden. Das ist im Zen unüblich und wäre für unseren inneren Prozess nicht hilfreich. Es geht nicht um die anderen, sondern in dieser Phase ausschließlich um mich, um den in Gang gesetzten inneren Prozess – und alles, was dabei hinderlich ist, wollen wir beiseite lassen. Eine große Hilfe, um den Prozess zu fördern, ist das Einzelgespräch, das Dokusan*, mit der Lehrerin bzw. dem Lehrer. Es ist die Gelegenheit, um alle Fragen, Gefühle, Erfahrungen an- und auszusprechen. Übende tun gut daran, diese Gelegenheit oft zu nutzen.

Und die mit uns Übenden? Je intensiver wir bei uns selbst sind, desto unmittelbarer sind wir mit den anderen verbunden. Bin ich bei der Übung bei meinen Sorgen, meinen Geschäften, dann bin ich wirklich einsam und werde verspannt, müde, vielleicht aggressiv von meinem Kissen aufstehen. Bin ich jedoch ganz bei meiner Übung, dann bin ich mit all denen verbunden, die es gleichfalls sind. Je mehr ich für mich tue, umso größer ist mein Beitrag für die Gemeinschaft. Es entsteht eine besondere Form der nonverbalen Kommunikation, die sich in dem Satz «Wir kennen uns, denn wir haben miteinander geschwiegen» ausdrücken lässt.

Nun haben Sie ein wenig über Zen, das Sein im Augenblick, Achtsamkeit und Schweigen erfahren. Sie haben erfahren, dass es darum geht, dies im stillen Sitzen einzuüben. Vielleicht haben Sie sogar den Versuch gemacht, sich aufrecht auf einen Stuhl gesetzt und fünf Minuten lang zugeschaut, wie die Gedanken kamen und gingen. Vielleicht haben Sie ein wenig Stille erfahren und diese genießen können. Vielleicht ist auch der Wunsch entstanden, diese innere Stille zu verlängern, sie gleichsam hineinzunehmen, mitzunehmen, sie nicht abbrechen zu lassen, wenn das Telefon energisch ruft, der PC Sie ärgert, die Kinder toben oder die Hausarbeit Sie langweilt. Gibt es, so fragen Sie, eine Übungsform, bei der wir den Alltagssituationen noch näher sind als beim Sitzen oder bei der wir ihnen auf andere Weise begegnen? Gibt es eine Übungsform, bei der ich ganz nach außen gehen muss und doch ganz bei mir bleiben kann? Die Übungsform selbst als Aktion, während ich doch ganz in der Mitte gesammelt bin, aus ihr heraus handele – gefordert durch Handlungen und doch ganz im Frieden? Eine Übung, die mich unmittelbar auf den Alltag und seine Anforderungen vorbereitet? Gibt es eine Übung, die mir hilft, nach meiner täglichen Sitzrunde nicht sofort wieder in den üblichen Alltagstrott zu fallen, die mir hilft, mich mit allen meinen «Schwächen» wahrzunehmen, bis zum «Keller» meines Leidens vorzustoßen? Ja, die gibt es.

Mir ist klar geworden, dass die Einbeziehung des Körpers bedeutsam ist, um sich auf die Schliche zu kommen. Mit Körper meine ich nicht nur die Welt unserer Gefühle, unserer Sprache usw., sondern auch und gerade die Gestaltwerdung, die Bewegungen und die Grenzerfahrungen, die bei der Begegnung mit dem Körper unumgänglich sind und die mich in Krisensituationen stürzen können. Das Bogenschießen hat sich für mich – und viele meiner Schülerinnen und Schüler – zu einer Übung entwickelt, die mich ganzheitlich fordert, bei der ich keine Chance habe, etwas wegzuschieben, zu vertuschen, zu beschönigen, bei der ich lernen darf, mich in einen wunderbaren inneren Frieden einzuüben, der von äußerem Erleben unabhängig ist.

# 4

# DIE KUNSTLOSE KUNST

## Begegnung mit dem Bogenschießen

An einem Samstag vor dem regelmäßigen Schießen sagte ich bei einem kurzen «Wort in den Tag»*: «Lasst euer Schießen wie Zazen sein und euer Zazen wie Schießen. Nehmt dies als Übungsaufgabe für den ganzen Tag. Wenn ihr mich fragt, wie ihr das machen sollt, werde ich es euch nicht sagen. Wenn ihr euch aber der Aufgabe hingebt, wird eure Übung an Tiefe gewinnen und zu einer Quelle der Kraft und des Friedens werden.» Verabschiedet habe ich die Gruppe mit: «Lasst euer Leben Zazen sein und Zazen euer Leben.»

Wie bei vielen Kindern begann auch mein «Bogenweg» mit einem selbst gefertigten Bogen aus einem Haselnusszweig, gebastelten Pfeilen aus Schilfrohr und einer Pfeilspitze aus einem Holunderaststück. Eines Tages, ich war ungefähr elf, schoss ich einen Pfeil über ein Dach und traf einen Schulkameraden an der Wange, knapp neben dem Auge. Ich erschrak so sehr, dass ich von diesem Tag an keinen Bogen mehr in die Hand nahm, bis unser ältester Sohn mit Freunden in die Mühle kam, um Bogen zu schießen. Ich fand wieder Freude an dieser schönen Übung, schoss einen Recurvebogen, einen westlichen Sportbogen mit Visier, Stabilisatoren und ähnlichen Hilfsmitteln. Ich übte voller Ehrgeiz, zählte die Punkte, schrieb sie auf, verglich mit dem Vortag – kurz: Ich wollte gut sein, besser sein, der Beste sein! Lange Zeit war das für mich völlig in Ordnung.

## Haben oder Sein?

In dieser Zeit begann ich auch meine Zen-Übung – und wie der «Zufall» es so will, «fielen» mir zwei Bücher in die Hand, die meinen Weg mit dem Bogen veränderten: Erich Fromms *Haben oder Sein* und Eugen Herrigels *Zen in der Kunst des Bogenschießens*. Die Zen-Praxis und die gedankliche Bereicherung durch diese beiden Bücher zeigten mir, dass meine Freizeitbeschäftigung mit Pfeil und Bogen nach demselben Muster ablief wie mein übriges Leben. Die Stressfaktoren Ehrgeiz, Ungeduld, Stolz, Eifersucht, Neid usw. waren genauso lebendig, sie besetzten und hetzten mich, waren die unnachgiebigen Motivatoren meines täglichen Handelns.

«Haste was, so biste was» – dieses geflügelte Wort war Impuls und Maßstab für mein Leben. Also definierte ich meine Person mittels der Positionen, die ich erreicht hatte: Stellung, Einkommen, Erfolge. Dieses Erreichte verstand ich damals als mein Leben. Es zu verlieren bedeutete nicht nur materiellen Verlust, sondern auch, das Leben zu verlieren im Sinne von: Das Leben wird wertlos. Genauso kann es beim Bogenschießen aussehen: Ich zähle die Punkte, erschrecke über das schlechte Ergebnis, wende mich verkrampft der nächsten Übung zu. Oder aber ich habe ein sehr gutes Ergebnis und beginne das nächste Training ängstlich, weil ich unsicher bin, ob ich dieses Ergebnis halten kann. Womöglich will ich es noch verbessern, denn ich spüre die Anerkennung, spüre, wie meine Rolle in der Gruppe durch die gute Leistung verbessert wird.

Das also war meine Situation: War ich schlecht, quälte

mich die Frage, ob ich nun in ein längeres Formtief fallen würde, und entsprechend angespannt ging ich zum nächsten Training. War ich gut, fragte ich mich ständig, ob ich diese Form halten könnte. Meine Übung begleiteten somit zwei Faktoren: Abhängigkeit vom Erfolg und Angst. Beides sind schlechte Begleiter und schlechte Berater. Sie machen uns zu bemitleidenswerten, armen Geschöpfen und verschließen uns für den wahren Reichtum des Lebens, nämlich die gelassene Heiterkeit.

Ich bin weit davon entfernt zu meinen, dass es allen Bogenschützen so ergeht. Aber aus zahlreichen Gesprächen weiß ich, dass dies bei sehr vielen Freizeitschützen zutrifft, von Profis ganz zu schweigen. Und wie ergeht es Nicht-Bogenschützen? Sind die Grundmuster nicht vergleichbar? Gelten sie nicht in den meisten unserer Lebensbereiche?

Bei Erich Fromm entdeckte ich eine Existenzform, die frei ist von Erfolg oder Misserfolg, frei von Angst und Neid. Gegründet im Sein, leben aus dem Sein. Nicht Autorität *haben*, sondern Autorität *sein* – das war faszinierend und richtungsweisend.

In Eugen Herrigels Buch begegnete mir immer wieder der Begriff «Absichtslosigkeit» – und eine Ahnung sagte mir, dass dies mit Ichlosigkeit und Freiheit zu tun hat, ja Freiheit *ist*. Oder negativ formuliert: Mein Haben-Wollen, meine Gier, stand der Freude, der Freiheit, dem Frieden im Weg, blockierte nicht nur jeden inneren Fortschritt, denn Haben-Wollen macht ungeduldig, hart, oft auch ungerecht.

Absichtslosigkeit war also gefragt. Aber bringt mich der Wille, absichtslos zu sein, nicht auf dieselbe ehrgeizige Schiene, auf die Schiene des Haben-Wollens, nur unter anderen Vorzeichen? Zeigt sich mein Ich, schön sauber, spirituell verpackt, unter dem Mantel der Absichtslosigkeit? Also ging es darum zu lernen, auch die Absichtslosigkeit loszulassen. Das war eine erschreckende Vorstellung, und Sätze wie

> … loskommen von sich selbst, so entschieden sich selbst
> und all das Ihre hinter sich lassen, dass von Ihnen nichts
> mehr übrig bleibt als das absichtslose Gespanntsein

verstärkten in mir das Gefühl, in einen Abgrund zu stürzen. Gleichzeitig wurde mir aber eine wichtige Spur gewiesen: «Gespanntsein» bedeutet im Zusammenhang mit Bogenschießen also Sein in der Anspannung des Bogens. Das Stürzen in den Abgrund ist letztlich der Sturz ins reine und unverfälschte Sein – und das nicht nur in der Stille des Sitzens, sondern in der vollen Aktivität der Bogenübung. Der eigentliche Schlüssel zum Sein ist die Absichtslosigkeit. Der Weg dahin heißt Konzentration, heißt Sammlung und verläuft über das Bewusstsein.

Karlfried Graf Dürckheim beschreibt in seinem Buch *Hara* die absolute Zumutung, die er zu erfahren meinte, als sein Bogen-Meister ihn vor eine Scheibe stellte (ein Strohballen von achtzig Zentimeter Durchmesser) und erklärte, dass der Schüler im Bogenschießen «erst einmal drei Jahre an dieser Scheibe zu üben hat und zwar auf eine Entfernung von drei Metern». Hinzu kam für mich das Bild eines jungen Mönchs, über den ich gelesen hatte, der täglich zwei bis drei Stunden einfach in einen Sandhaufen schoss, mit voller Konzentration und Präzision. Beides beeindruckte mich sehr und zeigte mir die Richtung für meine nächsten Schritte …

Absichtslosigkeit – die Bereitschaft, den Bogen meiner bisherigen Konzepte zerbrechen zu lassen, reines Sein, nicht auf ein Ergebnis schielen, frei von jeglicher Effekthascherei – ist der immer neue Versuch, ganz und gar im Tun des Augenblicks aufzugehen. Es ist die Identifikation des Bewusstseins mit dem augenblicklichen Tun ohne Wollen oder Wünschen. «Sein» heißt, orientiert sein an der Handlung. In dem Augenblick, in dem ich auf ein Ergebnis schiele, ist meine Konzentration geteilt. Konzentration heißt, den Fokus immer mehr zu verengen, um «auf den Punkt» zu kommen. Ein berühmter Spruch beim Bogenschießen lautet: «Triff die Maus im Fell des Bären und triff die Laus im Fell der Maus!» Diese zunehmende Beschränkung auf das Wesentliche wird durch meine Absicht getrübt, treffen zu wollen, etwas erreichen zu wollen. Dabei macht es keinen Unterschied, ob ich mit diesem Erreichen hohe Ziele anstrebe oder einfachen Antrieben folge. Nur wenn das Bewusstsein ganz und gar auf das gegenwärtige Tun gerichtet ist, entstehen Ruhe und Freiheit von jeder Selbstbezogenheit, bin ich bar aller Absicht. «Die rechte Kunst ist zwecklos, absichtslos», meint Awa, Herrigels Bogen-Meister.

## Innen und Außen

Ich betrat völliges Neuland, hatte keinen Meister, der mich führte. Erst nach vielen Jahren des selbständigen Übens leistete ich mir einen geprüften Bogentrainer, um mir auf «die Finger» schauen zu lassen. Anfangs hatte ich Herrigels Buch, und viele Gedanken waren und sind für mich noch heute wie der ausgestreckte Finger, der zwar auf etwas hinweist, das ich jedoch selbst entdecken musste und täglich neu entdecken muss. Auch wenn manche Äußerungen Herrigels – nach meinem Verständnis heute – keine klare Zen-Erfahrung widerspiegeln, so waren die Impulse, die von seinem Buch ausgingen, damals wegweisend. Das folgende Zitat brachte mich in meiner Suche weiter:

> Weit davon entfernt, in dem Schüler vorzeitig den Künstler wecken zu wollen, hält es der Lehrer für seine erste Aufgabe, aus ihm einen Könner zu machen, der das Handwerkliche souverän beherrscht ... um erst im Laufe der Jahre die Erfahrung zu machen, dass Formen, die er vollkommen beherrscht, nicht mehr bedrücken, sondern befreien.

Dieser Satz bewahrte mich davor, mich sofort auf das «geistige Bogenschießen», ohne jegliche Formen und Technik, zu stürzen. Stattdessen bemühte ich mich intensiv um rechtes Tun, das heißt, ich trainierte, um die technische Seite des Bogenschießens möglichst perfekt zu lernen, um das dann irgendwann hinter mir zu lassen oder es immer wieder zu trainieren, zu vervollkommnen. Ich spürte die Anforderung, an der äußeren Form, der technischen Vervollkommnung zu arbeiten, ohne sie dabei überzubetonen, sondern sie vielmehr innerlich unterzuordnen, um der inneren Form Raum zu geben.

Zunächst hatte ich das Gefühl, als wären Technik und innerer Prozess zwei Elemente, die sich gegenseitig ausschließen. Erst allmählich erfuhr ich, dass äußere und innere Form zusammengehören. Nur die Offenheit für beides – im Sinne von «sowohl … als auch» – birgt die Chance zu tief greifender Veränderung und ermöglicht gleichzeitig die volle Präsenz meiner Kräfte im Außen. «Sowohl … als auch» meint nicht das Zusammen*zählen* beider Faktoren, sondern das Zusammen*wirken*, aus dem – wie von selbst – ein neuer Mensch entsteht. Nach intensiver und disziplinierter Übungspraxis verändert sich die äußere Form. Dies ist eine logische Konsequenz der Veränderung der inneren Form. Der innere Wachstumsprozess erlaubt ein Überschreiten der äußeren Form. Die wahre Bedeutsamkeit ermöglicht mein inneres Werden, die Auseinandersetzung mit meinem wahren Selbst, die schließlich zum Wesenskern, zum «Ungrund» führt, wie der protestantische Mystiker Jakob Böhme (1575–1624) es ausdrückt. Es bedarf jedoch der beständigen Übung in der äußeren Form – so lange, bis wir wirkliche Meister sind, die alle Formen hinter sich lassen und aus dem Sein heraus richtig handeln.

Unmittelbar an unserem Bogenübungsplatz gibt es eine kleine Felsengrotte, in der eine etwa fünfzig Zentimeter große, getöpferte Statue sitzt. Es handelt sich dabei um den berühmten Hotei* (chin. Pu-tei), den dicken, lachenden Buddha, der in fast jedem chinesischen Restaurant zu sehen ist, oft mit einem Sack auf dem Rücken («Hotei» heißt «Hanfsack»), oft mit an ihm hängenden Kindern. Dieser Bursche sitzt einfach da, völlig frei von allen Formen. Er denkt nicht daran, sich in den Lotossitz zu bringen. Er sitzt, wie er sitzt – und lacht! Er hat Formen und Zen und alles das hinter sich gelassen, ist absolut befreit von alledem. Manchmal beneide ich ihn um diese Freiheit. Gleichzeitig ist mir bewusst: Ich brauche die Form noch. Die äußere, möglichst gute Form beim Schießen und die Form beim Sitzen. Die Einhaltung der äußeren Form ist mir Hilfe, um mehr und mehr meine innere Form zu finden. So verneige ich mich voller Hochachtung und Hingabe vor dieser Statue und ihrer Belehrung.

*Der lachende Buddha «steht» über allen Formen.*

Innen und Außen gehören zusammen. Wird beides ausgewogen praktiziert, sind wir in der Mitte. Eine Überbetonung der einen oder anderen Seite bringt mich aus dem Gleichgewicht. Ein Entweder-Oder macht lebensuntüchtig oder lässt mich in einen schädlichen Aktionismus verfallen. Aus Erich Fromms «Haben oder Sein» wird ein «Haben *und* Sein». Wenn ich das ernsthaft lebe und übe, wird aus dem «Haben» ein anderes «Haben» und aus dem «Sein» ein anderes «Sein». «Haben» im Sinne des Zen ist frei von Gier, Aggression und Blindheit, lebt aus dem «Sein», ist verwurzelt, in sich ruhend. «Sein» ist nicht unbedingt die Realisierung eines Armutsideals, dessen Verwirklichung nur wenigen vorbehalten ist. Fromm unterscheidet zwischen Eigentum, das dem Gebrauch dient, also «funktional» ist, und dem Besitz, der dem sozialen Status des Egos dient, einer sich verselbständigenden reinen Gier, aggressiv und unverantwortlich.

Wenn ich die Begriffe aus der Bogenübung «Technik» für Außen und «Prozess» für Innen nehme und auf unsere persönliche und gesellschaftliche Situation übertrage, komme ich zu erschreckenden Ergebnissen. Sie machen deutlich, dass wir längst die Balance verloren haben. Wir verhalten uns nach wie vor so, als wäre der Kampf um das individuelle Dasein und das Überleben des Stärksten die Grundlage des Lebens. Baruch de Spinoza (1632–1677) sagt – und das ist heute aktueller denn je:

Sobald die Menschen sich einmal eingeredet hatten, dass alles, was geschieht, um ihretwillen geschehe, mussten sie als die Hauptsache bei jedem Ding das beurteilen, was ihnen daran am meisten nützte, und alles das als das Wertvollste schätzen, wovon sie am angenehmsten erregt wurden.

Genau von diesem Denken müssen wir wegkommen, um zu lernen, das Ganze – Menschen, Tiere, Bäume, Pflanzen, Berge, Flüsse –, den ganzen Kosmos, zu sehen. Ein Auszug aus dem alten *Metta-Sutta*, das in der theravadischen Mönchstradition täglich rezitiert wird, beschreibt das wunderschön:

> Was immer es an Lebewesen gebe,
> ob sie umherziehn mögen oder sesshaft sein,
> klein, mittel oder hoch gewachsen,
> schwächlich, handfest oder stark,
> vor Augen oder im Verborgenen,
> hier in der Nähe oder fern daheim,
> geboren oder erst noch im Entstehen –
> die Wesen alle mögen glücklich sein!

Dieser Text grenzt nichts und niemanden aus, umfasst Vergangenheit, Gegenwart und Zukunft.

Ich bin überzeugt, dass wir die riesigen Herausforderungen der nächsten Jahre nur bewältigen werden, wenn wir als Einzelne wie auch als Gesellschaft, als verantwortliche Politiker und Politikerinnen, als Arbeitgeber oder Lohnabhängige, Rentner oder Hausfrauen, als Banker oder Aktionäre, Eltern oder Lehrer, lernen und uns mit großem Eifer darum bemühen, eine innere und äußere Balance zu finden. Und da wir unser Innen derart vernachlässigt haben, dass eine totale Entgleisung nicht zu übersehen ist, muss die innere Entwicklung, also eine grundlegende geistige Erneuerung unserer ganzen Gesellschaft oberste Priorität haben.

Karl Rahner (1904–1984) schreibt: «Der Christ der Zukunft wird ein Mystiker sein, oder er wird nicht mehr sein.» Abgewandelt möchte ich sagen: Der westliche Mensch der Zukunft wird ein erneuertes, ein spirituelles Bewusstsein haben, oder er wird nicht überleben. Er muss zu einem Handeln in Klarheit kommen, das aus dem Sein gesteuert ist. Nicht äußere Gesetze, Verordnungen und Moral führen uns zu diesem Ziel, sondern Güte, die aus dem Herzen kommt und zum Herzen führt.

So habe ich durch die Beschäftigung mit dem Bogen, dem Innen und Außen, der Form und der Nichtform Grundsätzliches für mein Leben entdeckt. Zen bzw. der Bogenweg ist nicht getrennt vom Leben. Im Gegenteil. Der Zen-Meister Joshu meint: «Der alltägliche Weg ist der Weg.» Die Weisheit des Zen liegt in der Offenheit für den Augenblick. Es handelt sich nicht um verborgene Weisheiten, nicht darum, höhere Erkenntnisse zu erlangen, sondern darum, uns selbst «auf den Fersen» zu bleiben bei unserem Reden, Hören, Entscheiden.

## Dem Alltäglichen begegnen

Mit diesen Erfahrungen befinde ich mich in guter Gesellschaft, denn Anliegen des bereits erwähnten Meisters Dogen war es, uns nicht aufzuspalten in Verstand einerseits und Gefühl und Intuition andererseits, sondern ein waches und natürliches Denken zu haben, ganzheitlich und integriert. So kann ich sagen: «Nimm den Bogen in die Hand und begegne dem ‹Alltäglichen›, bzw. das ‹Alltägliche› wird dir begegnen.» Damit habe ich eine Möglichkeit gefunden, die Herausforderung des Lebens als eine Kunst zu begreifen, mich selbst nicht als Opfer von Schicksalsschlägen, sondern als Künstler zu verstehen, dessen Aufgabe in jedem Augenblick darin besteht, die Sehne so zu spannen, dass der Pfeil frei und ungehindert fliegen kann. Jede zu gering gespannte Sehne lässt den Pfeil kraftlos zu Boden fallen, jeder überspannte Bogen muss brechen, jede nicht kultivierte Energie lässt den Pfeil unkontrolliert sein Ziel verfehlen.

Dies zu beobachten und anzunehmen heißt, die Signale wahrzunehmen, die uns bedeuten, dass wir unsere Mitte verloren haben, dass wir getrennt sind von der spirituellen Dimension unseres Lebens und keinen Zugang mehr haben zu unserer Lebensquelle. Der Begriff «Sünde» meint in seiner ursprünglichen Bedeutung nicht ein einzelnes Fehlverhalten, sondern muss mit «Trennung» übersetzt werden. Dieses Getrenntsein ist Ursache unserer Kraftlosigkeit und Ziellosigkeit. Sich auf den Weg zu begeben bedeutet, sich zu öffnen, damit das, was trennt, in einem langen Prozess beseitigt wird.

Jeder Augenblick ist meine Chance zur Gestaltung des Lebensbildes, das sich entwickelt. Dieses Gespräch, dieser Streit, diese Stille ist die Möglichkeit, mich unverfälscht einzubringen und damit etwas zu bewirken. Oft beten wir «Lieber Gott, tu dies» oder «Verhüte bitte jenes». Damit legen wir sozusagen Gott ein Bild unserer Wünsche vor, bitten ihn, es abzuzeichnen, und sind bitter enttäuscht, wenn er es nicht tut.

Die Haltung, die hinter dieser Form des Betens steht,

ist naiv, entwürdigt Gott zu einem Erfüller unserer Wünsche und macht uns selbst zu unmündigen Kreaturen. Wenn wir uns aber auf den schwierigen Prozess des Erwachsenwerdens einlassen, gilt es zu begreifen, dass wir uns ganz persönlich dem Lernen und der Veränderung stellen müssen. Den Bogen zu schießen, das muss ich selbst lernen. Niemand kann es für mich übernehmen. Ich selbst muss es tun. Wir dürfen nicht warten, bis andere etwas tun. Jeder von uns muss beginnen, für sein Leben selbst Prioritäten zu setzen, ohne auf die Meinungen der anderen zu hören. Jeder muss persönlich Entscheidungen für sich treffen, nach der Wahrheit suchen, sich die Fragen stellen: Was ist mir *wirklich* wichtig? Und was ist wichtig für die Gesamtheit?

## Kamma-patha

Es geht also um Persönlichkeitsentwicklung. Aber nicht im Sinn der heute oft praktizierten Interpretation von «Selbstverwirklichung», die darauf zielt, alle Eigenschaften auszuleben. Das dient eher einer Vergrößerung, einer Steigerung des Selbstbildes. Der Buddha setzt als Fernziel der Persönlichkeitsentwicklung das Heilsein. Entwicklung heißt: Ent-Wicklung im buchstäblichen Sinn. Das Verwickelte, Verworrene, Unklare, Ängstigende auflösen. Dies geschieht durch Klarheit und Stille.

Diese Vorstellungen mögen uns zunächst Angst machen – und tatsächlich gehört Mut dazu, ein Feld zu beschreiten, das für uns Neuland ist. Aber wenn das Leben uns ruft durch Einsichten, Erfahrungen, wenn es uns einen Vorschlag macht, dann können wir nicht nach einem bequemen und gesicherten Weg Ausschau halten, sondern müssen bereit sein, auch Unbequemes zu wagen.

Das ist sicherlich oftmals schmerzlich und mühsam. In der Pali-Sprache gibt es den Begriff *kamma-patha*. Er lässt sich mit «Wirkensbahnen», «Wirkensfährten», «Wirkenswege» oder «Wirkensweisen» übersetzen. Das Wort «Wirkensbahnen» bringt sehr schön zum Ausdruck, wie wir mit unserem ständigen Wirken in Gedanken, Worten und Taten Trampelpfade treten bzw. uns in Furchen bewegen oder eingefahrene Gleise benutzen – im Guten wie im Schlechten –, von denen wir äußerst schwer loskommen.

Doch ist der Schritt wirklich so neu? Oft geschieht es, dass Menschen, die zum ersten Mal in unser Dojo kommen und eine Zeremonie mit anschließendem Zazen erleben, sagen: «Der Rahmen ist mir zwar neu und auch völlig fremd, aber tief in meinem Innern ist mir das alles sehr vertraut. Ich erlebe zwar das Befremdliche, habe aber gleichzeitig den Eindruck, nach Hause zu kommen.» Wird damit bestätigt, was Andrew Newberg in seinem Buch *Der gedachte Gott* feststellt? Er kommt aufgrund von Experimenten zu dem Schluss, dass religiöse Erfahrung zur lebensnotwendigen Grundausstattung des Menschen gehöre. Religiöses Leben ist – nach seiner Vorstellung – ein menschliches Merkmal, so unverzichtbar wie Liebe, Hass, Hunger, Sexualität.

Die wissenschaftliche Korrektheit dieser Aussage kann ich nicht überprüfen, doch ich neige aufgrund meiner Erfahrungen zu der Annahme, dass wir alle in uns eine mystische Seite haben. Bei manchen Menschen und zu manchen Zeiten ist sie tief verborgen, verschüttet. Wenn wir beginnen, dieses kleine, verkümmerte Pflänzchen zu pflegen, das heißt in kleinen Schritten Mystik zu leben, begeben wir uns in einen Raum, der ein fester Bestandteil unseres Lebens ist. Wir bringen etwas zusammen, von dem wir zwar nie wirklich getrennt waren – aber getrennt gelebt haben. Dorothee Sölle fragt:

> Müssen wir uns nicht … zuallererst auf den Segen des Anfangs beziehen, also nicht auf die «Erb»sünde, sondern auf den Ursegen? Und ist es nicht gerade die mystische Erfahrung, die uns an die Schöpfung und den guten Ursprung verweist?

Welche Kräfte in uns wirksam werden können, wenn wir diesem Sein, diesem Ursegen vertrauen, soll folgende kleine Geschichte aus dem Buch *Kyudo – Der Weg des Bogens* von Matthias Obereisenbuchner zeigen:

> Tajima, ein Meister der Teezeremonie, wurde eines Tages von einem Ronin, einem herrenlosen Samurai, zum Duell gefordert. Der Ronin zweifelte nicht, dass er den Kampf gegen den Teemeister ohne Mühe gewinnen würde.
> Die Herausforderung konnte Tajima nicht ablehnen, ohne sein Gesicht zu verlieren. Also machte er sich darauf gefasst zu sterben. Er ging zu einem Meister der Schwertkunst, der in der Nachbarschaft wohnte, und bat ihn, er möge ihn unterweisen, würdig zu sterben. Dieser erwiderte, er wolle ihm gerne helfen, aber er möge ihm zuerst eine Schale Tee bereiten.
> Tajima freute sich, seine Kunst noch einmal – wohl zum letzten Mal – üben zu können, und so ging er völlig in

76

der Zeremonie des Teebereitens auf und vergaß, was ihm bevorstand.

Der Schwertmeister war zutiefst beeindruckt von der Heiterkeit und Gelassenheit Tajimas in dieser ernsten Lage. «Ich brauche dich nicht zu lehren, wie du sterben sollst», sagte er, «die Konzentration deines Geistes ist so groß, dass du jedem Schwertmeister gegenübertreten kannst. Wenn du dem Ronin gegenüberstehst, stell dir zuerst vor, du willst einem Gast Tee bereiten. Grüße ihn höflich, leg deinen Überwurf ab, falte ihn sorgfältig und lege deinen Fächer darauf, so wie du es gerade getan hast. Zieh dann dein Schwert, heb es über deinen Kopf, bereit zuzuschlagen, wenn der Gegner angreift. Konzentriere dich allein darauf.»

Tajima dankte dem Schwertmeister und begab sich zu dem vereinbarten Duellplatz. Er folgte dem Rat des Schwertmeisters und versenkte sich völlig in die Vorstellung, dass er einem Freund Tee bereiten werde.

Als Tajima das Schwert über den Kopf hob, erschrak der Ronin zutiefst: Er sah Tajima wie einen Felsen vor sich stehen, ohne jedes Zeichen von Furcht oder Schwäche. Völlig aus der Fassung gebracht, ließ er sein Schwert sinken, warf sich vor Tajima zu Boden und bat um Vergebung für sein Verhalten.

Ob diese Geschichte historisch ist oder eine Legende, wissen wir nicht. Jedoch wird in schöner Weise sichtbar, wie Innen und Außen zu einer Einheit verschmelzen. Entscheidend ist die Beschreibung der Kraft, die dort aktiviert wird, wo jemand sich ganz und gar auf eine Sache, eine Aufgabe konzentriert, und zwar von innen heraus. Nicht mit der Kraft des Kopfes, sondern mit der

Kraft des Herz-Geistes, aus dem allein wirkliches Vertrauen entsteht.

Was wir benötigen, ist die Sichtbarmachung eines Weges, der den Willen in uns wachsen lässt, diesen voller Vertrauen zu gehen und allen Widrigkeiten zum Trotz unbeirrt den nächsten Schritt zu tun. So möchte ich das Sprichwort «Wo ein Wille ist, da ist ein Weg» umwandeln und sage: «Wo ein Weg ist, da ist ein Wille.» Aus dem sichtbar gewordenen Weg erwachsen die Kraft, die Bereitschaft und der Mut, ihn zu gehen und dabei Hindernisse – Steine, Untiefen, Irrwege, Irritationen, Unsicherheiten – in Kauf zu nehmen. Wenn in unserem Herzen die Vision von Freiheit lebendig ist, werden wir auch bereit sein, dafür Opfer zu bringen, Liebe und Hingabe zu investieren, Verleumdungen in Kauf zu nehmen und unbeirrt weiterzugehen.

## Trampelpfade

Doch kommen wir, liebe Leserin, lieber Leser, wieder zurück zu den Anfängen meines «Bogenweges». Zunächst glaubte ich, das «Handwerkliche» mit einem Kyudo-Bogen, also einem traditionellen japanischen Langbogen*, einüben zu müssen. Nach verschiedenen Gesprächen mit Verantwortlichen im Kyudo-Verband hatte ich jedoch den Eindruck, ich sollte meinen eigenen Weg gehen. Mich so zu entscheiden fiel mir leicht, zumal mir klar wurde, dass all die wundervollen und tiefen Erfahrungen, die Eugen Herrigel beschreibt, nicht auf einen bestimmten, also einen original japanischen Bogen begrenzt sind, sondern genauso gut mit einem westlichen, indianischen, türkischen etc. Bogen gemacht werden können. Das kann nicht bedeuten, dass dieses ungeheuer komplexe System des Kyudo mit einem westlichen Bogen nachzuahmen wäre. Kyudo ist etwas ganz Eigenes. Allerdings habe ich viele Elemente, die Herrigel beschreibt, als Hinweise und Ermutigungen verstanden, mich selbst auf den Weg zu begeben.

Wenn es also darum geht, die Ausrichtung meines Bogenweges zu beschreiben, orientiere ich mich, was den Bogen betrifft, an unserer westlichen Tradition, im Hinblick auf den geistigen Hintergrund an meiner Zen-Erfahrung. Bei der Wahl des Bogens und bei der Art der Technik entsprach das so genannte traditionelle Schießen ziemlich exakt meinen Vorstellungen. Dabei wird mit einem traditionellen Langbogen oder einem Recurvebogen geschossen – ohne Visier oder andere technische Hilfsmittel. Die Verführung zum Zielen ist etwas geringer als bei einem Bogen, der durch seine Technik das Zielen geradezu herausfordert. Meine Praxis wurde das instinktive Schießen – heute nenne ich es lieber intuitives Schießen.

Es folgten viele Jahre des Übens allein im Tal – und ich möchte diese Phase deshalb nicht als Weg, sondern höchstens als Trampelpfad bezeichnen, der ganz langsam erkennbar wurde. Ein paar aufgeschichtete Strohballen dienten als «Scheibe». Es war oft mühsam und frustrierend, und ich spürte eine fast unerträgliche Spannung zwischen «das Handwerkliche souverän beherrschen» und dem Bemühen um Absichtslosigkeit. Erst mit viel Geduld und nach zahlreichen demütigenden Ergebnissen wurde es mehr und mehr zu meiner eigenen Erfahrung, dass nur der souveräne Umgang mit den stufenweisen Abläufen des Schießens jenen Freiraum herstellt, ganz offen und doch ganz im Jetzt zu sein – und damit in meiner Mitte.

Wie stets, wenn Neues, Unbekanntes begonnen wird, traf ich auch auf Unverständnis. Gespräche mit Freizeitschützen, aber auch mit professionellen Leistungssportlern, die täglich zwischen sechs und zehn Stunden übten, zeigten mir, dass man zwar Verständnis hatte für die Meditation, in die das Schießen eingebunden war, und überhaupt für den meditativen Aspekt, dies jedoch als mentale Vorbereitung zum Schießen begriff, als Mittel zum Zweck also. Für meine Entgegnung, dass wir Zazen üben, um Zazen zu üben, und schießen, um zu schießen, dass das einzige Ziel das Zazen bzw. das Schießen sei und sich die beiden Übungen ergänzten und zu großer Schönheit führten, erntete ich verständnisloses Kopfschütteln. Wie soll man auch ohne Erfahrung einen Zen-Satz verstehen, der «Ich spüle Geschirr, um Geschirr zu spülen» lautet?

All die kritischen Einwände, die von der Zen-Seite kamen und die Zen-Übung ausschließlich auf das Zazen begrenzen wollten, wurden für mich nach der Begegnung mit zwei Zen-Meistern und Bogenschützen unwichtig. Das waren der ehrwürdige Kobun Chino Roshi sowie Ryun Un Tai San Osho, der voller Überzeugung sinngemäß meinte: «Jede Person, die längere Zeit Zazen übt, sollte einige Zeit Bogen schießen, um sich selbst im wahrsten Wesen zu entdecken.» Sehr klar formuliert es Shunryu Suzuki:

80

Wenn ihr begreift, was echte Übung ist, dann kann Bogenschießen oder eine andere Aktivität Zen sein. Wenn ihr aber das Bogenschießen nicht in seinem wahren Sinne zu üben versteht, dann mögt ihr noch so hart trainieren – was ihr erlangt, ist nicht mehr als Technik. Es wird euch nicht wirklich helfen. Vielleicht könnt ihr sogar ins Schwarze treffen, ohne es zu versuchen, aber ohne einen Bogen und einen Pfeil vermögt ihr gar nichts. Wenn ihr begreift, worum es bei der Übung geht, wird das Bogenschießen auch dann für euch eine Hilfe sein, wenn ihr gerade keinen Pfeil und Bogen in der Hand habt.

Wie gut taten mir solche Aussagen. Sie ermutigten mich, unverdrossen meinen Bogenweg weiterzugehen.

Wenn ich heute zurückblicke, möchte ich meine Erfahrungen und meinen Erkenntnisstand so beschreiben: Das Bogenschießen in seinem klar vorgegebenen, ästhetischen Übungsablauf ist in einen strukturierten, zeremoniellen Verlauf eingebunden, dessen korrekte Einhaltung unsere unmittelbare geistige Verfassung wiedergibt. Jeder Augenblick ist der leibhaft zu erfahrende und damit sichtbar gewordene Vollzug, der Ausdruck meines Mich-Einlassens, ist dauernde Herausforderung und Chance zur Seinswerdung. Dies zu beschreiben ist kaum möglich; und so sagte ein seit Jahrzehnten geübter Bogenschütze vor einiger Zeit zu mir: «So langsam ahne ich, worum es hier überhaupt geht.» Übersetzt heißt das: Ich weiß es immer noch nicht, vielleicht werde ich es nie genau wissen, der Bogenweg bleibt meine Lebensaufgabe, meine Lebenspraxis, mit der ich niemals fertig werde. Dabei sind einige Faktoren bedeutsam, die den Übenden ganz allmählich zum Künstler reifen lassen.

Während meines Studiums der Predigtlehre ermahnte uns unser alter Dozent immer wieder mit dem Satz: «Sie brauchen den Willen zur Predigt.» So ist es auch beim Bogenschießen. Verbunden mit unserer geistigen Präsenz, unserem Bewusstsein, ist unser Wille, unsere Energie, mit der wir uns in den gesamten Ablauf der Übung einbringen. Statt von Wille könnten wir auch von Entschlossenheit sprechen. Wenn wir kaputt sind, müde, können wir uns in diesem Gefühl niederlassen und darauf warten, dass sich etwas verändert. Dies ist so, als stellten wir eine leere Autobatterie ab in der Erwartung, dass sie sich von alleine wieder füllt. Auch wenn zwanzig leere Autobatterien nebeneinander stehen, geschieht nichts. Erst wenn wir uns mit Entschlossenheit auf den Weg begeben, jeder für sich und dann für alle, kommen wir aus der Tiefe, Dunkelheit und Schwäche heraus und es entstehen Klarheit und Kraft. Unsere Art zu gehen, zu stehen, die Art, wie wir uns verbeugen, drücken diese Energie aus, mit der Körper und Geist, Außen und Innen sich vereinigen.

## *Ki*

Entscheidend für die Qualität unserer Übung ist der freie Fluss der psychosomatischen Energie, chinesisch *chi*, japanisch *ki*. Gemeint ist die Kraft der Natur, jene Lebenskraft, die den natürlichen Rhythmus von Werden, Erhalten und Vergehen bestimmt. Der Körper als Teil der Natur kann ein Gefäß des Ki sein. Nach taoistischer Vorstellung wird dieses Chi mit dem Atem in Körper und Geist «transportiert», und zwar in die Körpermitte (japanisch *hara*), und von dort überallhin geleitet, wo diese Kraft benötigt wird. Chi/Ki wird damit zur Quelle der Bewegungen, der körperlichen Aktivität, der geistigen Tätigkeit, aber auch unserer Entwicklung, unseres Wachstums. Dies geschieht jedoch nur, wenn es zu einem freien Fließen kommen kann, das heißt, wenn der Körper als Bewegungsapparat statisch und dynamisch in Harmonie ist. Gemeint ist damit, dass unsere Übung nicht *gegen* unseren Körperaufbau gerichtet sein darf, sondern im Einklang mit ihm funktioniert.

Das mag sich einfach anhören, ist jedoch in der Praxis recht schwierig. Denn es bedeutet, eingeübte fehlerhafte Bewegungskoordinationen aufzugeben. Gekrümmte oder unnatürliche Haltungen, wie sie oft bei Langbogenschützen zu sehen sind, verhalten sich zum Fluss des Ki kontraproduktiv. Aber auch unsere Sitzhaltungen, z. B. am PC, unsere Haltung beim Warten auf die Straßenbahn sollten wir überprüfen. Wir werden mit Erschrecken feststellen, wie wenig wir der Natürlichkeit unseres Körpers entsprechen, wie verspannt und verkrampft oder gebeugt wir sind. Oft braucht es Monate oder sogar Jahre geduldigen Übens, bis wir Veränderungen in unserem Körper feststellen können, bis Körper und Geist völlig entspannt sind, ohne schlaff zu sein, ruhig, aber wachsam, gelassen, doch nicht «cool».

Aber nicht nur falsche Körperhaltungen hindern den Ki-Fluss. Auch unsere inneren Vorstellungen, unsere Emotionen können Hindernisse sein – Visionen und

Ideen, Illusionen, Neid. Gedanken an Erfolg sowie Angst vor Misserfolg machen uns unbeweglich. Sie bilden einen «Energie-Panzer», der uns starr macht, verspannt und verkrampft sein lässt und den wir erst erkennen müssen, um uns von ihm zu befreien. So sind manche Übende nur schwer dazu zu bringen, Körper- und Kopfhaltung zu verändern, weil sie befürchten, dann schlechtere Ergebnisse zu erzielen.

Der dritte Grund unseres Ki-Defizits ist eine mangelhafte bzw. falsche Atmung. Sie ist zum einen Folge unserer unnatürlichen Körperhaltung: Wenn wir in uns zusammengefallen sind – Schultern nach vorne geneigt –, ist unser Atem flach, endet im oberen Brustbereich. Aber auch unsere Geisteshaltung führt zu Kurzatmigkeit. So verhindert z. B. Angst, aber auch Wut den Atemfluss.

Wollen wir also tief greifende Veränderungen erreichen, müssen wir beim Üben dem Atem besondere Aufmerksamkeit schenken und den technischen Ablauf des Schießens mit dem Ein- bzw. Ausatmen koordinieren. Der Atem stabilisiert unseren Stand, schenkt uns Festigkeit, da der Ausatem in seinem natürlichen anatomischen Verlauf unseren Körper nach unten bringt. Wenn wir unseren Körper dem Atemstrom öffnen, also den Atem hindurchfließen lassen, schaffen wir eine grundlegende Voraussetzung zur Auflösung von Verspannungen und chronischen Fehlhaltungen.

Unser Atem schenkt uns zudem die Möglichkeit, uns von Gefühlsblockaden zu befreien. Machen Sie einen Versuch: Wenn Sie ärgerlich, wütend, traurig sind, stellen Sie sich aufrecht hin und lassen Ihren Ausatem durch den ganzen Körper strömen. Wo ist in diesem Augenblick Ihr Ärger?

## *Die Bereitschaft zur Veränderung*

Der Prozess einer Veränderung kann schmerzhaft sein. Selbsterkenntnis tut weh, und so sehr wir – manchmal bewusst, manchmal unbewusst – auch leiden, es fällt uns schwer, eingefahrene Bahnen zu verlassen. Veränderung hat mit Sterben zu tun. Altes muss sterben, denn nur so kann Neues wachsen. Das ist Lebenskunst. Und die erfordert Mut.

Uns auf diesen Prozess einzulassen bedeutet: Der abgeschossene Pfeil trifft den Schützen selbst. Aber der Schütze hält stand und ist bereit, den nächsten Pfeil als Chance und Herausforderung anzunehmen.

«Alles ist gleich-gültig», sage ich oft und will die Übenden mit diesem Satz davor bewahren, die Übung in Wichtiges, weniger Wichtiges und Unwichtiges einzuteilen. Nur indem wir diese Unterscheidungen überschreiten, kann sich eine Energie entwickeln, die den gesamten Ablauf des Übens als fließend, harmonisch, befriedigend, leicht, kraftvoll und gelungen erleben lässt – und zwar gänzlich unabhängig vom Ergebnis an der Scheibe. Diese Art des Schießens geht weit über den gekonnten technischen Ablauf hinaus und ist auch durch noch so gut eintrainierte Technik nicht erreichbar. Sie ist Ausdruck der Verbindung von gekonntem Außen und energiegeladenem, klarem Bewusstsein. Eine auf diese Weise ausgeführte Übung hat ihren Wert an sich – selbst dann, wenn sie durch irgendwelche Umstände nicht zum Ende gebracht wird und der Abschuss des Pfeiles ausbleibt. Wir sprechen von der Einheit im Sein und nähern uns der tiefsten Ebene unserer Übung.

Wenn wir von Ichbezogenheit, Eifersucht, Entschuldigungen frei geworden sind, wenn unser Pfeil das Ziel verfehlt, wenn wir wahrhaftig und geduldig zu dem stehen, was die Scheibe in Klarheit zeigt, dann wird unser Handeln geprägt sein von Würde, Anmut und Gelassenheit. Dann sind wir auf dem Weg zu wahrer Meisterschaft, der niemals endet. Dann gibt es keinen Schützen mehr, keinen Bogen, keinen Pfeil und keine Scheibe. Dann gilt der Zen-Spruch: «Wenn der Bogen zerbrochen ist und du keine Pfeile hast, dann schieß – schieß mit deinem ganzen Sein.» Fehlt das Bemühen, dieses Sein zu entdecken, dann sind wir nichts weiter als ein etwas merkwürdiger Hobby-Bogenschützenverein!

Darum spreche ich nicht so gerne vom Bogenschießen, sondern von der Übung mit dem Bogen. Ihr wahres Ziel liegt nicht auf einer äußerlich messbaren Erfolgsebene, auch nicht darin, den Körper zu trainieren. Ihr Ziel ist die «rechte Anstrengung», ein Begriff, der in der buddhistischen Literatur immer wieder auftaucht. Darunter wird eine geistige Anstrengung verstanden, die Körper, Gedanken und Gefühle umfasst. Jegliche nicht zu ganzheitlichem Heil-Sein führenden Handlungen, Gedanken, Gefühle sind zu unterlassen und heilsame zu fördern. «Tue Gutes, vermeide Böses» – und das heißt zuallererst, «tue dir selbst Gutes und vermeide bei dir selbst Böses».

Zur rechten Anstrengung gehört außerdem das Einüben folgender Eigenschaften: Wohlwollen – auch mit «Güte» zu übersetzen –, Mitgefühl, Mitfreude, Gleichmut. Wie sehr der Bogenweg diese Eigenschaften fördert und wie intensiv er an ihrer dauernden Kultivierung arbeitet, sollen die folgenden Kapitel zeigen.

# 5

# DER WEG

## Das «Wolkentor»

Es wird erzählt, Michelangelo sei einmal gefragt worden, wie man so etwas Wunderbares wie den David erschaffen könne. Michelangelo habe geantwortet: «Ich nehme mir den Marmorblock, und da ist er schon drin.» Es geht also darum, etwas zu entdecken, das schon immer vorhanden war, etwas aufzuwecken, das noch schläft, etwas zu vereinigen, das im Grunde niemals getrennt war. Das versuchen wir in der Altbäckersmühle mit dem Bogenweg.

So sieht der Tagesplan während eines Bogen-Sesshin aus:

| | |
|---|---|
| 6.00 bis  8.00 Uhr | Morgenzeremonie, Zazen, Einzelgespräch |
| 8.00 Uhr | Frühstück |
| 9.00 bis 10.00 Uhr | Samu (Arbeitsexerzitium) |
| 10.30 bis 12.30 Uhr | Bogenübung |
| 12.30 Uhr | Mittagessen |
| 13.00 Uhr | Pause |
| 15.00 Uhr | Kaffee/Tee |
| 15.30 bis 16.30 Uhr | Lehrdarlegung, Zazen |
| 16.45 bis 18.00 Uhr | Bogenübung |
| 18.15 Uhr | Abendessen |
| 18.45 Uhr | Pause |
| 19.30 bis 21.30 Uhr | Abendzeremonie, Zazen, Einzelgespräch |

Wenn der Han* (ein Holzbrett) im vorgegebenen Rhythmus fünf Minuten lang angeschlagen wird, um die Übenden zur Übung zu rufen, lautet die Anweisung: «Kinhin* (meditatives Gehen) zum ‹Wolkentor›!»

Ein schmaler, befestigter Pfad führt, der Strömung des Baches folgend, zum etwa zweihundert Meter entfernten Bogenübungsplatz. Als ich diesen Weg vor einiger Zeit mit einem Studienfreund ging, um ihm unsere Anlage zu zeigen, meinte er verärgert: «Das ist aber ein blöder Weg. Konntest du den nicht etwas breiter machen, damit man nebeneinander gehen und sich unterhalten kann?» Er wurde nachdenklich. «Oder ist das gar nicht erwünscht?» «Ja, so ist es», erwiderte ich, «das ist nicht erwünscht!» Und so geht jeder diesen tatsächlich schmalen Weg für sich allein. Jesus sagt: «Der Weg ist schmal, der zum Leben führt.» (Matthäus 7,14)

## Im Dojo

Unser Weg bringt uns zum *Dojo*, dem «Wolkentor». Dieses nach vorne, zum Pfeilfanghaus hin, offene Holzgebäude – ausgestattet mit einem Eisenofen, um den wir im Winter sitzen, damit wir warm bleiben – hat seinen Namen von Yün-men Wenyan (japanisch Unmon, 864–949), dem Meister vom Wolkentor-Berg in China. Er war einer der großen Meister des Chan (Zen) und der Gründer der Yün-men-Schule, einer der fünf Schulen, auf die alle heute noch lebendigen Zen-Traditionen zurückgehen. Sein markantes Porträt empfängt uns, wenn wir das Wolkentor betreten. «Über Zen reden ist, wie einem toten Gaul Medizin verabreichen», lautet eine wichtige Maxime Yün-mens. Für uns Übende im Wolkentor heißt das: Es gibt nichts zu reden, nichts zu diskutieren. Denn durch Wörter, die aus unserem Ich gespeist werden, das nach Liebe und Reichtum, Macht und Glück dürstet und Leid erfährt, das sich hartnäckig behauptet und doch transformiert werden muss, finden wir keine Befreiung. So stehen wir uns nur selbst im Weg. Ein Mönch fragte Yün-men: «Was ist das Problem?» Der Meister erwiderte auf die für ihn bezeichnende derbe und sarkastische Weise: «Dass du den Gestank deiner eigenen Scheiße nicht bemerkst.»

Auf einem kleinen Bild im Wolkentor steht das buddhistische Sprichwort «Der Pfeil in der Mitte ist das Ergebnis von eintausend Fehlschüssen». Damit war der Lehrer aber nicht zufrieden, denn er schrieb darunter: «Jeder Schuss ein Schuss, wo sind da Fehlschüsse?»

Auch ein anderer bereits vertrauter Spruch begegnet uns wieder, macht nachdenklich: «Wenn der Bogen zerbrochen ist und du keine Pfeile hast, dann schieß. Schieß mit deinem ganzen Sein.» Was heißt «wo sind da Fehlschüsse»? Was bedeutet, ohne Bogen und ohne Pfeil, aber mit dem Sein schießen? Ist das der Weg? Diese Sätze sowie die kleine Statue, die, mit Blumen und einer Kerze geschmückt, in einer Ecke steht, verstärken nachdrücklich das Empfinden, nicht auf einem Schießstand, sondern in einem Dojo zu sein.

Das Dojo ist ein Ort, an dem die Begegnung mit uns selbst in besonderer Weise gelehrt und gefördert wird. Die Übenden begegnen einander mit Würde und Respekt, ungeachtet des Alters und ohne Rücksicht auf den sozialen Status, der sonst im Leben eine so große Rolle spielt. Hier begegne ich meinem Gegenüber als dem

Wesen, das es ist. Das schafft Verbundenheit und den weiten Raum, in dem wir atmen können. Verhalten, Kleidung, Schuhe spiegeln die Hochachtung gegenüber den Mitübenden, dem Ort und dem Lehrer wider. Unauffälligkeit, Klarheit und Ruhe in den Übungen sowie Zentriertheit während der Pausen deuten auf das angemessene Verhalten hin. Auch hier gilt die in Dojos übliche «Kleiderordnung», also dunkle bis schwarze Kleidung. Wenn an den Wanderschuhen noch der Dreck vom letzten Wochenendausflug klebt, ist das ein Zeichen mangelnder Achtsamkeit und fehlender Hochachtung gegenüber der augenblicklichen Übung.

Im *Buddhistischen Spruchkalender* wird zum 1. Mai 2003 folgender Text zitiert: «Praktiziere die Lehren Buddhas; du wirst es nicht bedauern! Wasche jetzt deine Füße und setze dich neben ihn.» Natürlich wusch man sich einst die Füße, um sie – man ging barfuß – vom Straßenschmutz zu säubern. Symbolisch bedeutet es aber auch, den inneren Schmutz von gestern abzuwaschen, um diesen Augenblick der Belehrung als «unbeschriebenes Blatt» zu erleben. Mit dieser Handlung bringe ich zudem meine Achtung, meinen Respekt der Übung gegenüber zum Ausdruck und gebe ihr eine besondere Würde, nehme sie heraus aus dem Alltäglichen und darf die Erfahrung machen, dass die Würde, die ich gebe, unmittelbar auf mich zurückfällt. Ich bin Gebender und werde dadurch immer auch Empfangender.

So lernen wir an diesem Ort etwas, das weit darüber hinaus weist, nämlich den gemäßen Umgang mit anderen Religionen, Weltanschauungen, Kulturen. In einer Zeit, in der die Pflege eines interreligiösen Dialogs wichtiger ist denn je, in der wir dauernd fremden Kulturen begegnen in unserem eigenen Land, aber auch durch weltweite Verbindungen, Geschäftsbeziehungen, den Tourismus, brauchen wir eine Geisteshaltung, die sehr ausdrucksstark beschrieben wird in dem Satz: «Leg deine Schuhe ab; denn der Ort, wo du stehst, ist heiliger Boden.» (2. Buch Mose, 3,5) Diese Einstellung gilt nicht nur für die Begegnungen der Religionen. Sie ist eine Grundvoraussetzung für jedes Gespräch und jede Begegnung. Wenn sie nicht vorhanden ist, schüren wir Ängste, demütigen, erzeugen Aggressionen.

Im Grunde bietet jeder Ort an jedem Tag eine Möglichkeit des Lernens. Insofern ist mein Meditationsplatz zu Hause ebenso ein Dojo wie der ganze Kosmos – ein Ort der Erleuchtung. Dojo im eigentlichen Sinne meint also eben jenen Ort, an dem mir die Herausforderung und die Chance des Lebens gebündelt begegnen, an dem ich lernen darf – in der Gewissheit und dem Vertrauen, dass diese Erfahrungen sich auf mein übriges Leben übertragen, sich integrieren.

Die Übung ist sehr anstrengend, anspruchsvoll und eine enorme Anforderung an unsere Disziplin. Im Dojo, dem klassischen Meditationsraum, bin ich mit einem begrenzten Raum konfrontiert, habe vor mir die Wand, höre möglicherweise noch das Knurren des Magens meiner Nachbarin, lerne die Flut meiner Gedanken kennen, die ich mühsam zu bändigen versuche. Die Übung auf dem Bogenplatz draußen im Freien fordert mich anders; hier gibt es zahllose Ablenkungen, die sich mein Geist natürlich gerne gefallen lässt. Da sind die mit mir Übenden, denen ich viel direkter begegne als beim Zazen. Ich kann ihr Verhalten beobachten, registriere ihre Fehler, ich sehe ihre Erfolge und Misserfolge. «Oh, die hat ja einen neuen Bogen! Ist sie damit nicht überfordert? Der gefällt mir aber nicht! Was der wohl gekostet hat?» Selbst Nebensächlichkeiten wie das Befeuern des Holzofens werden zu einer willkommenen Gelegenheit, auch meinem unruhigen Geist Holz aufzulegen und damit mein vertrautes Unruhefeuer neu zu entfachen. Und ich spüre die starke, verführerische Ablenkungskraft der Natur. Das Zwitschern der Vögel; eine Wasseramsel, die ich in meinem ganzen Leben erst an drei Plätzen gesehen habe; sogar einen Eisvogel gibt es im Tal; fallende Blätter, der rauschende Bach. So verhilft mir die Natur nicht immer zur Sammlung, sondern aktiviert meine Fantasie. Ein willkommenes Terrain für die Flucht vor mir selbst.

Und so gehen die Ablenkungsmanöver weiter, bis ich vielleicht plötzlich erwache und darüber erschrecke, wohin ich mich wieder verloren habe. Sehr treffend sagt dazu Augustinus: «Gehe nicht nach außen; kehre in dich selbst zurück, im innern Menschen wohnt die Wahrheit.»

*Zwischen den Bergen ohne Schranken*

In unserem Wolkentor hängt eine Kalligraphie, die Ehrwürden Ryu Un Tai San nach seinem ersten Besuch in unserem Hause gefertigt hat: «Wolkentor – zwischen den Bergen, ganz ohne Schranken». In seinem einmaligen intuitiven Erfassen hat er damit den geografischen Rahmen – das enge Tal mit den rechts und links steil aufragenden Bergen sowie die schrankenlose Weite des Himmels – ausdrucksstark und poetisch beschrieben. Diese Erscheinungsbilder der Natur offenbaren sich jedem Besucher des Tales. Gleichzeitig hat Ehrwürden

Ryu Un Tai San in Worte gefasst, womit jede/jeder Übende konfrontiert wird: die rituellen Formen, die Zeremonien, die als Einschränkung, als Beschränkung meiner «persönlichen Freiheit» erlebt werden, als würde man «zwischen den Bergen» eingezwängt sein.

Die Formen sind oft die erste Hürde, die sich unserem Ich in den Weg stellt. Und es dauert häufig recht lang, bis wir in dem formellen Rahmen die Freiheit «ganz ohne Schranken» entdecken und darin leben wollen.

## Rituale – Weisheit der Jahrtausende

Zunächst gilt es zu sehen, dass die ältesten Darstellungen menschlicher Wesen – rund um den Erdball – diese in Gesten zeigen, die wir als Rituale bezeichnen können und die bei aller kulturellen Unterschiedlichkeit gemeinsame Grundzüge aufweisen: Rituale im Zusammenhang mit Sonne, Mond, Sternen, Feuer, Wasser, Wind, Tieren, Jagd, Geburt, Tod usw. Zu erkennen sind Handlungen, die an Tänze, z. B. den «Rundtanz», an Handgesten, Verbeugungen, Niederwerfungen erinnern. Mircea Eliade schreibt in *Geschichte der religiösen Ideen*:

> Auch unter Berücksichtigung aller Unterschiede, die eine vorgeschichtliche Kultur von einer primitiven trennen, finden sich doch immer einige grundlegende Übereinstimmungen.

Fraglos gehören Rituale zu dem archetypischen Material, also zu Erfahrungen, die weit in die Vergangenheit zurück reichen und allen Menschen gemeinsam sind.

Doch Zeremonien und Rituale rufen heute bei vielen Menschen Ängste, negative Assoziationen hervor: Gruppenzwang, Entindividualisierung, Massenbewegungen. Deshalb möchte ich – bevor ich den rituellen Ablauf unserer Übung im Einzelnen beschreibe – einige grundsätzliche Anmerkungen zur Bedeutsamkeit der Rituale voranstellen, im Allgemeinen und insbesondere im Zen.

Unser Zeitalter bekennt sich in seiner geistigen Ausformung zur Aufklärung. Ein wesentliches Zeichen dieser Einstellung ist der Versuch, alles Unbekannte erklären zu wollen. Dieses Bemühen hat auch vor der Religion nicht Halt gemacht. Nicht nur, dass wir allzu viele Worte von uns gegeben haben. Was wir sagten, wurde immer abstrakter, wissenschaftlicher, entfernte sich zunehmend von dem tatsächlichen Leben und damit von der Tiefendimension der Religion. Als Theologe bin ich durch den «Feuerbach der Entmythologisierung*» gegangen, bis alles Geheimnisvolle, das *numen faszinosum*, heruntergewaschen war.

Dazu kommt unsere tief verwurzelte Idee von der individuellen Autonomie und damit unser spontaner Widerstand, etwas zu tun, was ein Priester, Weiser, Heiliger oder Lehrer uns vorgibt – zumal sehr leicht Assoziationen wie «Im Gleichschritt, marsch!» zur inneren Abwehr gegen das Vorgegebene führen. Gleichzeitig gibt es in uns eine große Sehnsucht nach festen Bezugs- und Orientierungspunkten, nach Formen, in die wir uns einbringen können und in denen wir vorbehaltlos angenommen sind. Je mehr Strukturen sich in unserem Leben auflösen, je unverbindlicher der Rahmen wird, in dem wir leben, umso drängender wird die Sehnsucht nach Verbindlichkeit. Je ungeordneter unser Alltag verläuft und wir uns innerlich empfinden, umso intensiver wird unsere Sehnsucht nach Ordnung. Je schnelllebiger wir unsere Zeit erfahren, umso größer ist der Wunsch nach Augenblicken der Zeitlosigkeit. So registrieren wir in uns einerseits Abwehr gegen Rituale und gleichzeitig eine große Sehnsucht nach Verbindlichkeit, Ordnung und Ruhe.

Oft reichen ein paar erklärende Worte, um die Widerstände zu überwinden. Deshalb möchte ich Sie im Folgenden an einigen Überlegungen teilhaben lassen, die Ihnen vielleicht einen leichteren Zugang zu den Ritualen ermöglichen.

### Was bedeuten Rituale?

Wir sind bereit, uns von der Gültigkeit eines Rituals überzeugen zu lassen, wenn wir den ursprünglichen Sinn, gewissermaßen seinen einleuchtenden Ursprung, nachvollziehen können: So nehmen wir die rechte Hand sofort aus der Tasche, wenn uns erklärt wird, dies sei in früherer Zeit ein Hinweis darauf gewesen, dass man waffenlos auf einen anderen Menschen zugehe. Wir vollziehen eine Verbeugung, ein *gassho*, wenn man uns sagt, dass mit dieser Geste eine Harmonisierung von rechter und linker Gehirnhälfte vollzogen werde oder dass sie unserer Sammlung diene. Vielleicht hilft es uns auch zu wissen, dass es ein Zeichen gegenseitiger Wertschätzung ist.

Ohne weiteres können wir nachvollziehen, dass Rituale gemeinschaftsstiftend sind. Jede Gemeinschaft, ob bei Tisch oder im Sportverein, braucht einen Konsens, auf den sie sich einlassen und mit dem sie sich identifizieren kann. Wir verstehen, dass aus dieser gemeinsamen Übung eine große Energie entstehen kann. Jedem Einzelnen ist damit die Chance gegeben, sich als Glied des Ganzen einzubringen und seinen Beitrag zu einem guten Gelingen zu leisten.

Rituale sind Vereinbarungen und verschaffen uns, wenn wir sie erst einmal kennen gelernt und verinnerlicht haben, wenn wir sie gemeinsam praktizieren, ein hohes Maß an Sicherheit in unserem Verhalten, helfen uns, zur Ruhe zu kommen. Sie bilden einen Rahmen der Verlässlichkeit, in dem wir uns völlig frei bewegen können und in dem Begegnung möglich ist – im Reden und im Schweigen. Denn jede Begegnung hat einen Rahmen und braucht diesen, sei es der Stammtisch, eine Party, das Hofbräuhaus, der Plenarsaal, die Schule … Der Rahmen schafft eine spezifische Gesprächs- und Arbeitsatmosphäre – die deftigen Witze in der Kneipe passen nur in die Kneipe, entfalten nur dort ihre Wirkung.

Eine Frau, die wie viele Rituale als Einschränkung ihrer Freiheit erlebte, bat mich um ein längeres Gespräch über ihre Lebenssituation. Es brach plötzlich viel aus ihr heraus, was sie als innere Belastung mit sich herumgeschleppt hatte. Sie erkannte, dass ihre jetzige Offenheit durch den erlebten Rahmen und die dadurch entstandene Atmosphäre ermöglicht worden war. Auf einmal sah sie in dem einschränkenden Rahmen die große Freiheit, Probleme anzusprechen, sich zu öffnen.

Augenblickliche Gefühle – Lust oder Unlust, Freude oder Trauer – können regelrecht Mauern darstellen, zwischen denen wir uns einbetoniert haben. Rituale liefern eine gute Gelegenheit, diese Mauern zu überwinden. Der Rahmen kann uns helfen, unsere ausgeprägten inneren Strukturen ohne Angst zu verlassen und uns völlig frei dem hinzugeben, was im Moment ist. In der berühmten Koan*-Sammlung *Mumonkan* sagt Meister Yün-Men: «Seht! Diese Welt ist unermesslich und weit. Warum legt ihr (gemeint sind die Mönche) beim Glockenschlag euer siebenstreifiges Gewand an?» Die unermessliche und weite Welt steht für die tausenden Verhaltensmöglichkeiten, die wir zur Verfügung haben. Aber: Wenn die Klangschale ertönt, stehe ich auf! Die Sonne strahlt in ihrer ganzen Pracht, die Grünanlage, der Wald laden ein zum Spaziergang, aber wenn der Han bedient wird, gehe ich ins Dojo zur Sitz-Übung oder mache mich auf den Weg zum Wolkentor.

An diesem Beispiel wird deutlich, warum jeder Tag eines traditionellen Sesshin strukturiert ist. Immer gibt es klare Regeln, in denen der Einzelne keine Wahl hat, nach Gutdünken Zeit, Form und Ort der Übung auszusuchen. Damit tun wir «Westler» uns besonders schwer, weil wir glauben, uns selbst bestimmen zu müssen, aber auch, weil wir das Gefühl haben, das ganze Jahr über in ein starres Konzept eingebunden zu sein. Es dauert lange, bis wir gelernt haben, dass Freiheit bedeutet, uns innerhalb der Regeln frei bewegen, das heißt, «ins Dojo» gehen zu können. Erst wenn wir uns einige Zeit dem Rhythmus überlassen haben, spüren wir, wie viel «Ungeordnetes» wir mitgebracht haben und wie die klare «Ordnung» bewirkt, dass wir uns auch innerlich ordnen können.

Es wäre leicht möglich, weitere einleuchtende

Gründe für die Notwendigkeit von Ritualen und Gesten zu liefern. Damit aber würden wir nicht nur im Äußerlichen und rationalen Rahmen verbleiben, sondern wären mit all diesen Deutungsversuchen – so verständlich sie auch sein mögen – in eine «Falle» gelaufen. Wir hängen an etwas Bestimmtem und geraten daher nur allzu schnell in Schwierigkeiten, z. B. wenn wir bei einer Niederwerfung keine Demut empfinden. Was ist zu tun?

Auf die Frage «Was bedeuten die Rituale?» antworte ich: «Sie haben keine Bedeutung. Ich verbeuge mich, weil ich mich verbeuge. Ich tue es einfach, das ist alles.» Oft wird diese Antwort als ironisch und deplatziert empfunden. Dennoch trifft sie genau den Punkt, das Zentrum des Zen – weil es nichts zu erreichen gibt!

Die «offene Weite» des Zen gibt einem Ritual keine dogmatische Bedeutung, lässt keinen Raum für theoretische, philosophische Interpretationen, lässt nicht zu, dass sich unser Ich an etwas klammert. In diesem durch Übung entstehenden «leeren» Raum – der frei ist von allen Deutungen – erschließt sich die Geste: Sie erfüllt sich in der Unmittelbarkeit des Tuns. Dies gilt für alle Rituale, gleich ob Verbeugung, Niederwerfung, Rezitation, Klangschale, Gehen, Stehen, den formalen Ablauf der Mahlzeiten, das Entzünden von Räucherstäbchen, den gesamten Verlauf unserer Bogenübung. Gerade die Offenheit des Rituals schafft die Möglichkeit, berührt zu werden, plötzlich und oft überraschend. Dieses Geräusch, diese Bewegung, dieser Geruch ist alles, was in diesem Moment existiert. Das ganze Universum ist erfüllt davon – oder es ist schweigsam und leer. Es ist ein Punkt, an dem die Zeit stillsteht, an dem die Zeitlosigkeit in den Augenblick hereinbricht. Rituale sind im Zen «bedeutungslos», und gerade dadurch werden sie bedeutsam und wichtig.

## In der Tradition aufgehoben sein

Zeremonien leben von und durch die Direktheit und Unmittelbarkeit ihrer Wahrnehmung. Sie erstarren durch dogmatische «Erhöhung» und werden durch gedankenlosen Automatismus zu leeren Hülsen. Beides führt zur Trennung vom eigentlichen Ereignis. Durch diese Direktheit unterscheiden sich Rituale von Gewohnheiten. Eine Gewohnheit verläuft ohne Bewusstsein, ein Ritual vollbringen wir mit wachem, bewusstem Geist. Es kommt also nicht in erster Linie darauf an, *was* wir tun, sondern *wie* wir es tun.

Dennoch wäre es falsch, die Rituale als beliebig zu betrachten. Jeder, der meint, eigene neue Bräuche, Zeichen, Symbole schaffen zu müssen, weiß nichts von der tragenden Kraft dessen, was in langer, übender Erfahrung gewachsen ist. Als vor einiger Zeit eine Gruppe von Ärztinnen und Ärzten hier war, sagte der Leiter am Schluss zu mir: «In allem, was du uns gezeigt hast, was du uns hast erleben lassen, begegnete uns die Weisheit von Jahrtausenden.» So ist es: Indem wir uns auf die Rituale einlassen, treten wir in eine Tradition hinein, die in Jahrtausenden gewachsen ist. Die Tradition wurde von bewusst lebenden Menschen an bewusst lebende Menschen vermittelt. Wenn ich aufgefordert werde, mich vor der Scheibe zu verbeugen, dann tue ich es, wie es der tat und tut, der mich dazu anleitet. Wenn ich den Dokusan-Raum betrete und mich niederwerfe, weiß ich, dass der,

100

vor dem ich mich niederwerfe, es genauso getan hat und immer wieder tun wird. Rituale gehören zu dem großen Strom des Lebens, kommen von weit, weit her, fließen weiter – ohne Anfang und ohne Ende. Sie sind ein Strom, der mir in diesem Augenblick in verdichteter Form begegnet, mir die Möglichkeit gibt, mich von ihm tragen, reinigen und heilen und ordnen zu lassen.

In unseren Sesshins rezitieren wir regelmäßig Texte aus Sutras der Soto-Tradition. Damit können wir uns miteinander einschwingen, erleben uns wie einen Strom, der uns alle erreichen kann, Blockaden löst, uns durchlässig werden lässt. Manchmal entsteht während eines Sesshins der Wunsch, in der Frühe, also um fünf Uhr, gemeinsam hundertacht Niederwerfungen auszuführen. Diese Zahl ist nicht zufällig, sondern aus den sechsunddreißig Anhaftungen* entstanden, die wir kennen. Für jede dieser Anhaftungen gibt es eine Niederwerfung für die Vergangenheit, die Gegenwart und die Zukunft. Diese Übung hat eine unbeschreibliche Wirkung. Wer sich hundertachtmal niederwirft, erlebt sich hinterher als neuer Mensch, hat sich einer Übung ausgesetzt, die ihn entleert und formt.

Die Wiederholungen von Texten, Gesten, Schritten, Tönen geben uns die Chance, uns zu entleeren, und helfen uns, die Leerheit, das Nichts körperlich zu erfassen, es zu erleben, an etwas anzuknüpfen, das in der Tiefe unseres Seins schon immer vorhanden war.

Wenn wir eine Handlung bewusst, achtsam tun, verändert sich etwas in unserem Unbewussten: Aus Chaos
wird Ordnung, aus Ich-Zentriertheit wird Offenheit für
das Leben, aus Irritation entsteht Klarheit. Indem wir die
Übungen mit wachem Geist ausführen, indem wir versuchen, ihnen eine gute Form zu geben, formen sie uns.
Das ist der Grund, warum ich den bei uns übenden Menschen empfehle, auch zu Hause Rituale in ihre Zen-
Übung aufzunehmen, beispielsweise Verbeugungen, Tö-
ne, Niederwerfungen und Ähnliches.

So dienen Rituale der Vertiefung unseres religiösen
Geistes und helfen uns, seine Energie mit allen unseren
Sinnen zu erfassen, sie körperlich zu erleben und damit
in alle Lebensbereiche fließen zu lassen. Wie wir mit
jeder neu gepflanzten Blume das Buddha-Land verschö-
nern, so helfen wir mit unserer Geste, die Buddha-Natur
aufleuchten zu lassen. Licht an sich ist für uns nicht zu
sehen, es wird in Farben sichtbar. So sind unsere rituellen
Gesten wie ein buntes Fenster, durch das die Sonne
scheinen kann und das sie wundervoll zum Strahlen
bringt. Aber das Fenster ist nicht die Sonne selbst; ohne
sie ist es blass und düster. Auch unsere Gesten können
so transparent und veredelnd wirken, dass das Wesen
leuchtend durch sie hindurchscheint. Darum ist es nicht
hilfreich, sondern eher störend und Ausdruck eines un-
bewältigten Ichs, wenn einzelne Glieder einer Gemeinschaft ihre eigene Form in den Formen leben wollen.
«Setze keine eigenen Maßstäbe», heißt es im *Sandokai*.

In der japanischen Schwertkunst, dem Kendo, gehört
es zum Ritual, dass sich die Übenden vor und nach dem

Training vor ihren Schwertern verbeugen. Sie drücken damit ihre Verehrung für dessen Kraft und Bedeutung für ihr Leben aus. Wer über einen längeren Zeitraum hinweg den Bogenweg geht, kommt fast von selbst zu dieser Zeremonie: Verbeugung vor dem Bogen, bevor ich ihn in die Hand nehme und nachdem ich ihn aus der Hand gegeben habe. Dies ist Ausdruck von Respekt, Dankbarkeit, Verehrung gegenüber dem Medium Bogen, das mich auf diesem nie endenden, wundervollen Weg des Lernens und Reifens begleitet. Mit dieser Verneigung vollbringen wir dieselbe Geste, mit der wir vor den Altar treten oder eine Räucherschale, ein Räucherstäbchen in die Hand nehmen. Wer den Han bedient, beginnt mit einer Verneigung und schließt damit.

So gelangen wir am Ende unserer Betrachtung über Rituale zu der Erkenntnis, dass es darauf ankommt, das, was wir tun, mit ganzer Hingabe zu tun, ohne einen Gedanken an Nutzen. In dieser so geübten Praxis können wir tief greifende Veränderungen gegenüber dem Gegenstand unserer Übung feststellen. Shunryu Suzuki schreibt in seinem Buch *Zen-Geist, Anfänger-Geist*:

Sich verneigen ist eine sehr ernste Praxis. Ihr sollt bereit sein, Euch sogar in Eurem letzten Augenblick zu verneigen … Indem wir uns verneigen, geben wir unser Selbst auf. Unser Selbst aufzugeben bedeutet, unsere dualistischen Vorstellungen aufzugeben. So besteht zwischen Zazen-Praxis und Verneigen kein Unterschied. Gewöhnlich bedeutet das Verneigen, dass wir unsere Verehrung zum Ausdruck bringen gegenüber etwas, das mehr Verehrung verdient als wir selbst. Doch wenn Ihr Euch vor Buddha verneigt, solltet Ihr Euch keine Vorstellung von

Buddha machen, sondern einfach eins werden mit ihm; seid Ihr doch schon Buddha selbst! Wenn Ihr eins werdet mit Buddha, eins mit allem, was existiert, dann findet Ihr die wahre Bedeutung des Seins. Wenn Ihr alle Eure dualistischen Vorstellungen vergesst, dann wird alles zu Eurem Lehrer und alles kann Gegenstand Eurer Verehrung sein.

Was würde geschehen, was würde sich in unserem Leben verändern, könnten wir mit dieser Einstellung alle so genannten wichtigen und unwichtigen Gerätschaften behandeln? Wir ahnen, dass Rituale einen Raum schaffen können, in dem wir uns selbst und der Welt um uns herum neu begegnen. Sie sind wie ein Kunstwerk. Es ist zwar vorgegeben, völlig klar in seinen Strukturen – und entsteht doch von Augenblick zu Augenblick ganz neu im Tun; und jedes Glied der Gemeinschaft ist an diesem geheimnisvollen, kreativen Prozess beteiligt. Ob dies in Schönheit und Harmonie gelingt, hängt von der Kraft, der Liebe und Hingabe ab, mit der sich jeder einbringt.

## Der Gong ruft

Auch unsere Bogenübung hat einen klaren, vorgegebenen Rahmen. Die Gruppe steht in der Öffnung des Wolkentors in einer Reihe bereit, den Bogen in der Bogenhand, und wartet auf das Signal zum Beginn. Eben haben wir gelernt, was ein Recurvebogen* ist, was Zuggewicht* bedeutet, was es mit dem Nockpunkt*, der auf der Sehne angebracht ist, auf sich hat. Wir haben einen Armschutz bekommen, damit die Innenseite des Bogenarmes geschont wird, und einen speziellen Handschuh für die Zughand zum leichteren Ausziehen der Bogensehne. Schließlich haben wir einen Augentest gemacht, um unser Führungsauge* zu identifizieren. Da gab es für manche RechtshänderInnen eine große Überraschung, weil sie feststellten, dass ihr linkes Auge das Führungsauge ist (in diesem Fall rät der Lehrer, die Bogenübung wie ein Linkshänder zu machen).

Nun erklingt der Gong, und man bewegt sich nacheinander Richtung Pfeilfanghaus bzw. Zielscheibe. Die Zielgerade wird durch eine Drehung in Richtung Lehrer unterbrochen, dann geht es weiter in Richtung Scheibe, es erfolgen die Schussabgabe und der Rückweg zum Wolkentor. Das hört sich einfach an. Es gibt jedoch eine Menge Haken und Ösen, die unsere ganze Aufmerksamkeit erfordern und nur ein einziges Ziel haben: uns einzuüben in Achtsamkeit.


*Gedanken eines Übenden*

Schon ruhig an einem Ort zu stehen und geduldig auf das Signal des Gongs zu warten ist eine riesige Herausforderung. Nicht selten kann man das heftige Pochen des Herzens an der Halsschlagader sehen. Eine übende Person würde ihre Erfahrung wahrscheinlich so beschreiben:

«Mit meiner Ungeduld hat es wohl zu tun, mit Unruhe, Aufgeregtheit, dass ich nicht warte, bis der Gong ertönt, sondern schon vorher zu gehen beginne. Der Lehrer jedoch ist unerbittlich: ‹Wer zu spät kommt, den bestraft das Leben, und wer zu früh kommt, wird zurückgeschickt›, sagt er mit freundlichem Lächeln. Ich spüre, dass er mich mit dieser Zurückweisung nicht schikanieren will. Aber er erinnert mich daran, dass ich nicht achtsam war, und will mir helfen, mich in Achtsamkeit zu üben. Überhaupt: Er ist stets sehr einfühlsam, in der Sache aber kompromisslos. ‹Unsere liebevolle Kompromisslosigkeit› nennen ihn darum manche seiner Schüler.

Mir wird klar: Das ‹Nicht-warten-Können› zeigt etwas Grundsätzliches. Ich muss lernen, den richtigen Augenblick abzuwarten, bevor ich beginne. Meine Aufgabe und meine innere Bereitschaft müssen gereift sein. Erst dann darf ich loslegen. ‹Wer zu früh kommt, wird zurückgeschickt.› Ja, wer hat das noch nicht erlebt, dass das Leben einen zurückgepfiffen hat, nicht immer so freundlich wie hier am Übungsort, sondern heftig, brutal, schmerzhaft. Ich verstehe: Die Kunst, das Leben zu meistern, heißt warten lernen! Und wenn ich mit dem linken Fuß (nicht mit dem rechten und auch nicht mal so oder so) den ersten Schritt tue, erlebe ich mich wie in manchen Lebenssituationen, wenn mir Neues begegnet. Obwohl ich weiß, dass ich überhaupt nichts zu gewinnen oder zu verlieren habe, spüre ich meinen Ehrgeiz, sitzt mir meine Perfektion im Nacken, spüre ich in meinen kurzen Atemzügen die Angst zu versagen, geboren aus manchen Enttäuschungen und Fehlschlägen. Die Erfahrungen meines ganzen Lebens sind plötzlich gebündelt präsent.

‹Tu den nächsten Schritt, geh weiter!›, fordert mich der Lehrer auf.

Also bewege ich meinen linken Fuß, dann den rechten, dann den linken und gehe, gehe! Und mit diesem Gehen darf ich Neues betreten, darf Altes mit jedem Schritt zurücklassen. Manchmal holt mich Vergangenes wieder ein, aber ich gehe weiter. Mit jedem folgenden Schritt richte ich mich ein wenig mehr auf. Werde in meiner Haltung klarer, aufrichtiger, mutiger, entschlossener ... und spüre sehr deutlich, dass sich durch meine äußere Aufrichtung auch innerlich etwas richtet.

Wie hilfreich sind die, die mit mir gehen. Vielleicht haben sie ähnliche Gefühle der Unsicherheit, aber im gemeinsamen Vorwärtsbewegen findet jedes seinen eigenen Schritt. Das Ritual des gemeinsamen Gehens stärkt und ermutigt.

Beim Gehen ist genauestens darauf zu achten, dass die ganze Gruppe in einer Linie geht – und diese exakte Linie auch beibehält, wenn sie sich schließlich mit einem choreographisch geordneten Schwenker nach rechts in Richtung Lehrer wendet und dort gesammelt stehen bleibt. Sich verbeugend, bitten die Gruppenmitglieder um Pfeile, die jedem Einzelnen mit einem aufmunternden Blick überreicht werden. Nach der Pfeilübergabe verbeugen sich Übende und Lehrer gemeinsam, und mit einer weiteren Rechtsdrehung gehen wir in gerader Linie Richtung Scheibe, um uns dort erneut zu verbeugen.

Der Lehrer legt großen Wert auf die gerade Linie, die wir, nebeneinander gehend, als Gruppe einzuhalten haben. Wenn es gar nicht verstanden oder schlecht praktiziert wird, nimmt er einen großen Stab und zeigt exakt die Linie, in der wir uns zu bewegen haben. Manchmal sagt er: ‹Das üben wir noch mal!› Und dann wiederholen wir das Ganze, bis es stimmig ist. Auf unsere etwas er-

*Warten, bis der Gong ruft*

staunten Blicke und die darin enthaltene Frage, warum ihm das so wichtig sei, erzählt er uns ein Beispiel aus seinen Erfahrungen:

‹Als der Gong rief, bewegte sich die Gruppe nach vorne. Eine stark gehbehinderte Frau hatte keine Chance mitzukommen. Verzweifelt bemühte sie sich, ohne Erfolg. Und keinem in der Gruppe fiel das auf. Jeder war ganz bei sich! Beschäftigt mit seinem Gehen, den Kopf vielleicht schon bei der Aufgabe. Jeder ging mit Scheuklappen, den Blick auf den eigenen Bauchnabel gerichtet, seinen Weg.›

Mit dieser Geschichte macht der Lehrer deutlich, dass dieses Verhalten auf ein grundlegendes Problem der

Meditation hinweist, das Meditierenden oft zu Recht zum Vorwurf gemacht wird: Sie seien nur mit sich selbst beschäftigt, verlören den Blick für die nächste Umgebung und für das Ganze. Darum ist es wichtig, so exakt nebeneinander zu gehen. Jeder muss lernen, auf sich zu achten und gleichzeitig den Blick für das Ganze nicht zu verlieren. ‹Bin ich ein Bremsklotz, weil ich zu langsam gehe? Presche ich davon und berücksichtige nicht die Möglichkeiten anderer? Hat das schwächste Glied in unserer Kette eine Chance? Gebe ich dem anderen überhaupt Raum neben mir?›

Wie immer ist die Theorie einleuchtend, die Praxis jedoch recht mühsam. Es gehört ziemlich viel Übung in Achtsamkeit dazu, um überhaupt zu merken, wie es den Menschen unmittelbar neben mir, mit mir geht und welche Möglichkeiten für ihre eigene Entwicklung ich ihnen durch mein Verhalten gebe oder verschließe.»

## Die Kraft der Achtsamkeit

Es ist etwa dreißig Jahre her, da wunderte ich mich oft, wie schwer es unseren Buben fiel, von dem Unfug, den sie wie alle Kinder manches Mal getrieben hatten, zu Hause zu erzählen. Es dauerte ziemlich lange, bis ich merkte, dass ich mich selbst im Familienkreis stets als beinahe fehlerlos dargestellt hatte. Was ich natürlich überhaupt nicht war, aber das hatte ich selten bis gar nicht ausgesprochen. Wie sollten unsere Jungs die Kraft haben, sich neben einem solchen Vater zu ihren Fehlern zu bekennen? «Du bist mir zu stark, Vater ...», schreibt Franz Kafka einmal in einem Brief an seinen Vater. Ja, wenn der Vater oder die Mutter so stark ist oder auch nur so tut, wie soll daneben eine Kinderseele wachsen, ein zartes Pflänzchen sich entwickeln, wie soll wirkliche Gemeinsamkeit entstehen, bei der alle ihren Part nach ihren Kräften erfüllen können?

Die Zen-Übung, zusammengefasst in dem Begriff Achtsamkeit, kann uns helfen, Fehlhaltungen zu erkennen, und lässt uns zugleich die Kraft zur Veränderung erfahren. Unser exaktes gemeinsames Gehen ist eine sehr lehrreiche Übung. Sie zeigt uns, dass sich eine tragende Energie, von der alle profitieren, nur aufbauen kann, wenn wir lernen, offen und synchron zu sein. Das gilt in allen Bereichen des Lebens, zwischen Partnern, Eltern und Kindern, in Schulen und Betrieben.

*Was tun mit «Fehlschüssen»?*

Die Übenden stehen nun etwa zehn Meter von der Scheibe entfernt und verbeugen sich. Es ist gar nicht so leicht, sich vor einem «toten Gegenstand» wie einer Scheibe zu verneigen! (Wir schießen unsere Pfeile entweder auf eine spezielle Schießscheibe, einen ausgestopften, großen Sack oder in die 2,5 Meter hohe Sandaufschüttung in unserem Pfeilfanghaus.) Eine Frau erklärt, sie bitte bei dieser Verbeugung um einen guten Schuss, und wenn sie sich mit den anderen am Ende der Übung erneut verbeuge, drücke sie damit ihren Dank aus.

«Was machst du, wenn dein Schuss danebengeht?», frage ich. Ja, was machen wir mit all den Schüssen, die in unserem Leben schon danebengegangen sind? Wie gehen wir damit um? Ist nicht die Einteilung in gut und schlecht, in Dank und Bitte und, damit verbunden, in Hoffnung und Verzweiflung die Quelle unendlichen Leides? Mit unserer Übung wollen wir dieses leidvolle Spiel nicht verstärken, sondern einen Weg zu größerer Harmonie und zur Unabhängigkeit von augenblicklichen Erfahrungen finden. Also verbeugen wir uns vor der neuen Aufgabe, um uns auf diese Weise zu sammeln – und am Ende schauen wir uns das Ergebnis auf der Scheibe an und lernen, Ja zu sagen. Dabei spüren wir genau, wie leicht uns dieses Ja fällt, wenn wir eine schöne «Gruppe» geschossen haben, und wie groß der Widerstand gegen das Ja ist, wenn das Ergebnis nicht unserer Erwartung entspricht und stattdessen die Angst aufsteigt, (wieder einmal) versagt zu haben. Weder das Gefühl der Freude und des Stolzes noch das der Enttäuschung und Angst wird durch unser Ja verdrängt, aber wir werden mehr und mehr mit unserem Anspruch, unserer Angst und unserem Stolz vertraut und lernen, dies alles zuzulassen. Unsere Verneigung vor der Scheibe drückt dieses Ja aus, ist Zeichen unseres Einswerdens mit Buddha.

Und so legen wir voller Vertrauen den nächsten Pfeil auf.


## Befangen in der Dualität

Vor einiger Zeit war ein Pastoralreferent mit Kommunionkindern bei uns. «Stilleübungen und Bogenschießen» war das Thema. Ich fand das mutig, ein Experiment. Und so übten wir auch mit dieser Kindergruppe die Rituale, freilich in vereinfachter Form. Für die Kinder war das alles kein Problem. Wenn sie sich verbeugen sollten, verbeugten sie sich, wenn sie gehen sollten, gingen sie.

Auch der Pastoralreferent beteiligte sich an der Bogenübung. Als er an der Reihe war, sich vor der Scheibe zu verbeugen, blieb er steif stehen und wollte direkt zur Übung kommen. Aber er hatte nicht mit der Wachheit der Kinder gerechnet. Die beobachteten sein «Fehlverhalten», und ein Mädchen rief laut: «Herr ..., Sie haben sich nicht verbeugt!», worauf dieser erwiderte: «Ich verbeuge mich nur vor Jesus!» «Und, ist er hier nicht?», fragte ich zurück. Betretenes Schweigen ...

Ja, ist er hier nicht? Ist nicht jede Schnecke, jeder Grashalm eine Manifestation des Wesens, des Göttlichen, um es im christlichen Vokabular zu benennen? Ist dieses Wesen, dieses Unbenennbare begrenzt auf Altar und Tabernakel? So teilen wir unsere Welt in heilig und sündig ein, in eine «Achse des Guten» und eine «Achse des Bösen». Damit schaffen wir eine unüberbrückbare Trennung – und aufgrund dieser Trennung werden immer wieder «heilige Kriege» gerechtfertigt. Diese Trennung hat ihre tiefste Ursache in einem Eingottglauben, dem Monotheismus. Das Christentum und der Islam sind mit ihren Missionsfeldzügen grausame Beispiele dieser Vorstellung und erschreckende Zeugnisse dafür, dass religiös motivierte Fanatiker besonders gefährlich sind. Dies gilt uneingeschränkt bis in unsere Tage.

Jede Aufteilung grenzt ein – «sie/er gehört zu uns!» – und schließt aus, grenzt ab, teilt auf: in schwarz und weiß, normal und unnormal, in Verbrecher und anständige Menschen. Doch tatsächlich sind die Grenzen fließend, und das eine liegt ganz dicht neben dem anderen. Ohne nivellieren zu wollen – ist es wirklich unsere

Anständigkeit, die uns davor bewahrt hat, im Gefängnis zu sitzen? Meinen entsetzten Schülern sage ich: «Dass ich nicht im Gefängnis sitze, habe ich nur dem Glück zu verdanken, nicht meiner Sauberkeit.» Und ich erzähle die Geschichte eines Nachbarn, der am späten Samstagnachmittag müde von seinem Betrieb nach Hause fuhr. Am Schreibtisch hatte er noch schnell zwei, drei Kognak getrunken. Als ihn auf der Autobahn ein Sekundenschlaf übermannte, erwischte er ein auf dem Seitenstreifen stehendes Auto. Drei Menschen starben.

Heute würde mir ein durch Alkohol verursachter Unfall nicht passieren. Aber hätte es mir damals, als die Alkoholgrenze noch etwas höher lag, nicht auch passieren können? Hatte ich nicht einfach Glück? Es ist kein schönes Gefühl, aber ich spüre deutlich: Auch ich bin der Alkoholkonsument, der Kriminelle, der Gewalttäter, bin Adolf Hitler … denn all diese Potenziale sind auch in mir. Dass ich sie nicht lebe – nicht leben muss –, verdanke ich vielen guten Einflüssen und Umständen. Ein Grund zu Überheblichkeit und distanzierter Verurteilung besteht nicht. Allenfalls zu unendlicher Dankbarkeit gegenüber dem Leben.

Natürlich gibt es auf der objektiven Ebene ein aufbauendes und krank machendes, heilsames und zerstörerisches Tun. Es kann nicht darum gehen, das zu negieren oder beispielsweise Kindesmisshandlung zu verharmlosen. Im Gegenteil. Die Zen-Übung schärft meine Sinne, meine Wahrnehmung wird sensibilisiert. Die Schärfung der Sinne wiederum bewirkt eine Bewusstwerdung meiner eigenen Schwäche und Verletzbarkeit, aber auch meines eigenen zerstörerischen Potenzials. Und so fühle ich mich mit dem Opfer wie mit dem Täter verbunden.

Intensive Zen-Übung führt uns noch weiter. Sie sagt uns nicht nur etwas über unsere Opferrolle oder über unser Aggressionspotenzial. In dieser Wahrnehmung sind wir immer noch getrennt, bleiben in der Dualität des Ich und Du. Zen überschreitet diese Dualismen, führt uns in die Einheit allen Seins, öffnet die Augen für das Ungeborene und darum nie Sterbende. Daher möchte ich hier noch einmal unterstreichen: Jedes Wesen – nicht nur das Wesen Mensch – ist eine vollendete Manifestation des Seins. Das ist die Erfahrung aller Mystikerinnen und Mystiker. In «diesem Antlitz vor unserer Geburt», wie Zen sagt, gibt es keine Schuld, nichts Verdammungswürdiges und keine Schuldzuweisung. Ein objektiv schwer nachvollziehbarer Gedanke. Doch wer diese Erfahrung macht, ist wirklich «wiedergeboren», erlebt sich als neuer Mensch, der nicht getrennt ist von den strahlenden Augen des Kindes, seinem Vertrauen oder dem Frühjahrsgesang des Vogels. Das ist Heiterkeit, Freude. Leben jenseits von Schuld ist Seligkeit.

Ellen und ich waren vor etwa zwanzig Jahren zu einer politischen Pilgerreise in der damaligen Sowjetunion. Bei einem der vielen Kontakte sollte unsere staatliche Übersetzerin das Wort «selig» im Zusammenhang mit den Seligpreisungen aus der Bergpredigt übersetzen. Das machte ihr sichtlich Mühe. Unsere russischen Freunde versuchten, das Wort zu umschreiben, und schließlich übersetzte sie es mit «geküsst». Wir waren überwältigt, denn das besagt doch nichts anderes als «glücklich», «angenommen», «umarmt». Dieses tiefe «Angenommensein», «selig», sagt Jesus denen zu, die «Leid tragen» (Matthäus 5,4).

«Leid tragen» kann auch heißen: Der einem anderen

zugefügte Schmerz wird mein Schmerz, die Verletzung aller Wesen wird meine Verletzung, die Misshandlung geschieht an mir. Die Tränen des Opfers sind meine Tränen, die Verzweiflung des Täters ist meine Verzweiflung. Aber auch dies gilt: Seine Unfähigkeit zur Reue, zur Trauer ist auch meine Unfähigkeit. Das Verharren in einem Netz der Rache ist auch mein Netz. Seine Schuldzuweisungen zeigen eine Seite, die auch ich besitze.

Es berührt mich immer wieder tief, dass dies nicht nur mein Erleben ausdrückt, sondern dass es in der mystischen Literatur unendlich viele Beschreibungen dieser Haltung von Nicht-Trennung gibt. Eines der eindrucksvollsten Zeugnisse ist ein Gedicht des vietnamesischen Zen-Mönchs Thich Nhat Hanh, das er geschrieben hat, nachdem er eine Nachricht über ein Mädchen der «Boat People» (1975 vor Thailand) erhalten hatte. Dieses Mädchen war von Piraten vergewaltigt worden und hatte sich selbst ins Meer gestürzt.

> Ich bin das zwölfjährige Mädchen auf einem kleinen Flüchtlingsboot,
> die sich ins Meer wirft,
> nachdem sie von einem Seepiraten vergewaltigt wurde,
> und ich bin auch der Pirat,
> mein Herz ist noch nicht fähig, zu sehen und zu lieben.
> Bitte, rufe mich bei meinem wahren Namen,
> damit ich all meine Schreie und mein Lachen
> zur selben Zeit hören kann,
> damit ich sehen kann,
> dass meine Freude und mein Schmerz eins sind.

Das klingt nicht nur erschreckend, es *ist* auch erschreckend. Aber haben wir eine andere Wahl? «Zen, weil wir Menschen sind», ohne Panzer und dickes Fell zum Selbstschutz, weil wir unser Rückgrat verloren haben. Zen ist ein Abenteuer, wir brauchen Courage, um uns darauf einzulassen und unser Rückgrat zurückzugewinnen.

Von dieser Einheit allen Seins leuchtet in der katholischen Messe etwas auf. Wer einmal einen Priester dabei beobachtet hat, mit welcher Sorgfalt und Hingabe er auf das gewandelte Brot als Leib Christi und den gewandelten Wein als Blut Christi achtet, ist beeindruckt. Dieser achtsame Umgang bezeugt «die Vergöttlichung» dieser Materie. Ist Manifestation des Göttlichen, die durch die Wandlung verwirklicht wurde.

Das ist wunderschön und gleichzeitig so problematisch … Denn es gibt auch die Ausgrenzung. Es gibt gewandelte und ungewandelte Materie. Diese Unterscheidung bleibt nicht nur innerhalb des dualistischen Weltbildes, sondern verschärft es noch, indem es religiös erhöht wird. So verwundert es nicht, dass gerade dieses Sakrament, nach der Tradition von Jesus als Symbol der Einheit des Leibes Christi gestiftet, nicht nur in der Geschichte der Kirchen, sondern bis in unsere Tage hinein Zankapfel der religiösen Dogmatiker ist. Ein erschreckendes Beispiel ist der Ökumenische Kirchentag 2003, auf dem der einzige wirkliche Streitpunkt das orthodoxe Verständnis des Abendmahls war, wie es erneut unnachgiebig und trennend von Rom vertreten wird. Dabei wäre es so einfach. Wenn wir einmal unseren tiefsten Wesenskern erkannt haben, ist es nicht mehr möglich, solche Trennungen zu akzeptieren. Die «Göttlichkeit» bezieht sich nicht nur auf Brot und Wein. Sie gilt in allen

Formen des Lebens und mündet in eine tiefe Ehrfurcht vor diesem Leben.

## Dominium terrae

Eine derartige ausgrenzende innere Haltung, die sich nicht zuletzt in dem «Ich verbeuge mich nur vor Jesus!» des Pastoralreferenten ausdrückt, hat auch katastrophale Umweltsünden zur Folge. Wie anders wäre unser Verhältnis zur Natur, die uns umgibt, würden wir uns häufiger in Ehrfurcht und Hingabe vor ihr verneigen …

Was uns Menschen dringend Not tut, sind Verneigungen, mit denen wir unsere Liebe und Verehrung zum Ausdruck bringen. Mit solchen äußeren Gesten verändert sich unser inneres Sein, denn wir hören auf, unser Leben nach unserem Willen zu gestalten, und lernen, es in eine große Ordnung einzubinden, in das große kosmische Gesetz, das jedem Leben eine Aufgabe zugedacht hat. Die Indianer und viele Naturvölker hörten im Murmeln des Baches wie im Rauschen der Blätter die Stimmen ihrer Ahnen. Damit war die Natur geheiligt und geschützt. Eine religiöse Schranke bewahrte den Bach vor Verschmutzung und den Baum vor gieriger Zerstörung.

Vor einiger Zeit wurde ich von einem Umweltbeauftragten einer Evangelischen Landeskirche aufgefordert, ein Statement zum buddhistischen Verständnis der Schöpfung abzugeben. Also beschrieb ich das Bild eines buddhistischen Mönchs, der sich auf Wanderschaft befindet: Er trägt einen Stab bei sich, an dessen oberem Ende drei Metallringe angebracht sind. Bei jedem Schritt, bei jeder Bewegung klappern diese Ringe. Damit sollen

Insekten gewarnt und dazu gebracht werden wegzulaufen, um nicht zertreten zu werden.

Wir mögen zunächst über diese Naivität lächeln. Das Lächeln vergeht uns jedoch schnell, wenn wir ein Zitat aus der biblischen Schöpfungsgeschichte daneben stellen: «... füllet die Erde und machet sie euch untertan und herrschet über die Fische im Meer ... und über alles Getier, das auf Erden kriecht.» (1. Buch Mose, 1,28) Es geht also um das *Dominium terrae* und seine Wirkungsgeschichte für die Welt. Natürlich enthielt dieser Herrschaftsauftrag keine despotischen Züge im Umgang des Menschen mit der Natur. Die Aufforderung, über die Tiere zu herrschen, bedeutet lediglich, dass der Mensch wie ein verantwortungsvoller König das Zusammenleben der Tiere, den Bestand der Pflanzenwelt, die Intaktheit des Bodens und die Reinheit des Wassers ordnen und schützen soll. Ein anschauliches Beispiel dafür ist das Sabbatjahr für den Ackerboden. Im 3. Buch Mose heißt es: «... Aber im 7. Jahr soll das Land seinen großen Sabbat dem Herrn feiern, darin du dein Feld nicht besäen noch deinen Weinberg beschneiden sollst.» (25,4) Das Sabbatjahr verhindert die Ausbeutung des Bodens und gibt ihm die Möglichkeit zur Regenerierung.

Der Herrschaftsauftrag schließt selbstverständlich auch die Gattung Mensch ein und ordnet das Verhältnis untereinander. Selbst das berühmt-berüchtigte und oft missbrauchte «Auge um Auge, Zahn um Zahn» (3. Buch Mose, 24,20) verbietet jeden Missbrauch von Rache, jede Willkür, möchte das Handeln aus Angst und Hass im Sinne von «ein Auge um zwei Augen» verhindern. Spannend in diesem Zusammenhang sind auch das Gebot «Es soll einerlei Recht unter euch sein, dem Fremdling wie dem Einheimischen» (3. Buch Mose, 24,22) sowie der besondere Schutz, den Witwen und Waisen genießen. Diese wenigen Beispiele machen deutlich: Das Dominium terrae ist, richtig verstanden, eine Folge der Gottebenbildlichkeit und erfährt darin seine Bindung und Ausrichtung.

Seine Auslegung hatte allerdings verheerende Auswirkungen, und es kann überhaupt keine Frage sein, dass in ihm auch ein Grund für die gegenwärtige Umweltkrise liegt. Der Mensch wurde darin – missverständlich – zum uneingeschränkten Herrscher erklärt. Sein Auftrag bedeutet eben nicht nur Schutz für den Schwächeren, sondern ist ein Unterwerfungsauftrag mit einer auf den Menschen beschränkten Ethik. So heißt es in Psalm 8,6ff.:

> Du hast ihn (den Menschen) wenig niedriger gemacht denn Gott ... Du hast ihn zum Herrn gemacht über deiner Hände Werk, alles hast du unter seine Füße getan: Schafe und Ochsen allzumal, dazu auch die wilden Tiere, die Vögel unter dem Himmel und die Fische im Meer und was im Meer geht.

Entsprechend schmetterten wir als junge christliche Pfadfinder: «Ja, wir sind die Herren der Welt ...» und ahnten nicht, dass diese biblischen Leitbilder zur Legitimation für eine gnadenlose Ausbeutung der Natur wurden, dass in diesem Denken Millionen Tiere bestialischen Tierversuchen geopfert werden und der Mensch sich als Wesen versteht, dessen eigenes Wohl und Wehe das oberste Prinzip seines Handelns ist. Die Tiere aber gelten als seelenlose Geschöpfe, das heißt als empfindungslos, werden zu Objekten der Verwertung zum Wohlergehen des Menschen.

Mit welchem hybriden Selbstgefühl, mit welcher Selbstverständlichkeit gerade eine Persönlichkeit handelt, die sich missionarisch als Christ versteht und sich auf ein biblisches Schöpfungs- und Weltverständnis beruft, wird am derzeitigen amerikanischen Präsidenten George W. Bush jr. deutlich. Die erste Maßnahme nach seiner Amtseinführung bestand darin, die von seinem Vorgänger erlassenen Gesetze zum Schutz des tropischen Regenwaldes außer Kraft zu setzen …

Beim buddhistischen Mönch klappern nur die Metallringe. Bei uns müssten die Alarmglocken schrillen, damit wir endlich aufwachen. Aber wie sagt Edward Albee, einer der bedeutendsten zeitgenössischen amerikanischen Dramatiker *(Wer hat Angst vor Virginia Woolf?)*: «Die Menschen würden lieber durch das Leben schlafen, als für es wach bleiben.» Weil wir nicht wach sind, sehen und erleben wir unser Getrenntsein nicht. Wir erleben uns vielmehr als einsam, ohne die wirkliche Ursache zu kennen.

Zen öffnet uns die Augen, öffnet unser Herz, denn wir «sehen nur mit dem Herzen gut», wie es in Saint-Exupérys *Der kleine Prinz* heißt. Zen lässt uns erwachen – und als Erwachte begegnen wir dieser Welt.

Buddha sagt, das Meer habe nur einen einzigen Geschmack, den des Salzes. Und seine Lehre habe nur einen einzigen Sinn: das Leid *(dukkha)* zu überwinden. Also gehört es zu den Aufgaben aller BuddhistInnen, Leid zu reduzieren bzw. zu überwinden. Nehmen wir dies ernst, dann führt uns unser Weg an all die Orte, wo das Ausmaß des Leides weit über das Durchschnittliche hinausgeht: Kriegsschauplätze, Flüchtlingslager, Nervenheilanstalten, Frauenhäuser, Gefängnisse, Tierfabriken, Versuchs-labors, Schlachthäuser …

Wirkliche Mystik führt in die Politik. Damit meine ich nicht unbedingt Parteipolitik – obwohl auch dort ein paar Mystiker nicht schlecht wären –, sondern alle Berei-che unserer Gesellschaft. Es bedarf Menschen, deren Augen nicht blind geworden sind durch ihre Gier nach Macht und Einfluss und die aus Verbundenheit mit allen Wesen handeln.

Doch kehren wir auf den Weg zurück, auf den der Gong uns gerufen hat.

Wir verneigen uns gemeinsam vor der Scheibe. Die Gemeinsamkeit in der Verbeugung ist wichtig: Wir schaf-fen es, uns gemeinsam und doch jeder für sich zu verbeu-gen. Diese Übung ist an sich sehr uneinheitlich, sehr dem Ich verhaftet. Daran nicht zu arbeiten hieße, jeder bleibt allein, und eine Energie, die jeden berührt und trägt, kann sich nicht entwickeln.

Im praktischen Vollzug ist es daher hilfreich, wenn eine Person, die in der Mitte der Gruppenreihe steht, mit einer langsamen und nach außen kaum erkennbaren Verbeugung beginnt und damit alle einlädt, sich mit zu verbeugen. Wenn wir achtsam und wach sind, kann dies in Einheit gelingen. Dann ist unsere Übung nicht nur wunderschön, sondern auch stärkend und tragend.

Nun treten wir zurück und definieren damit die Dis-tanz, aus der wir unsere Pfeile abschießen wollen. Dabei hat sich unsere kleine Gruppe auf die ganze Breite des Übungsplatzes verteilt. Nicht nur, weil wir Platz brau-chen. Wichtiger dabei ist folgende Erfahrung: Bis zur Verbeugung waren wir eine Gruppe, miteinander ver-antwortlich für ein gutes Gelingen dieser Übung. Jetzt

121

*Gemeinsame Verbeugung*

aber hat sich die Formation der Gruppe verbreitert –
nun ist jeder allein für sich, allein gefordert, allein ver-
antwortlich.

## Die Mitte, aus der ich handle

### Richtig stehen

Wir haben unseren Platz gefunden, von dem aus wir die
Bogenübung durchführen. Jetzt stellen wir uns auf. Bewusstes, aktives Stehen – es gibt kein gedankenloses Stehen, denn wie wir uns stellen, bestimmt unseren weiteren Übungsverlauf. Die Ausgangsbasis ist entscheidend.
Ist der Untergrund möglichst eben und fest? Können wir
das Körpergewicht gleichmäßig auf beide Beine und
Füße verteilen und bei Bedarf unterstützend verlagern?
Stehen wir bequem? Es ist wichtig, breitbeinig zu stehen,
denn das ermöglicht eine stabile und aufrechte Körperhaltung.

Für ein besseres Verständnis der folgenden Ausführungen stellen wir uns ein Koordinatensystem vor, «in dem
mithilfe von Koordinaten die Lage eines Punktes ... festgelegt wird» (Duden, Fremdwörterbuch). Der Schnitt-
punkt dieser beiden Linien ist unser Zielpunkt. Um diesen Punkt treffen zu können, benötigen wir die
senkrechte sowie die waagrechte Linie. Das heißt für
uns: Wir müssen zwei Abläufe, den «senkrechten» und
den «waagrechten», üben.

Wie lässt sich die Senkrechte finden, ohne dabei immer wieder bewusst zu überlegen, ob unser Bogenarm mehr rechts oder links sein müsste? Wir schauen zum Zielpunkt und stellen uns vor, dass sich eine Spinne von diesem aus an einem seidenen Faden zu Boden lässt. Von dort zieht sie eine gerade Linie – erst zu unserem vorderen, von diesem zum hinteren Fuß. Zur Unterstützung dieses Bildes spannen wir – insbesondere bei Anfängergruppen, häufig aber auch bei Geübten zum intensiven Training – eine Schnur senkrecht über die ganze Fläche der Scheibe.

Ist der Standort direkt vor der Scheibe, stehen wir in einem Neunzig-Grad-Winkel. Ist der Standort irgendwo seitlich von der Scheibe, verändert sich nur der Winkel. Entscheidend ist, dass unser Stand eine klare Ausrichtung vorgibt. Denn ist dieser unpräzise, können sich auch unser Körper sowie unser Geist nur unklar ausrichten. Die eindeutige Vorgabe des Körpers hilft der geistigen Ausrichtung; und ist der Geist wach, hilft dies wiederum dem Körper. Wirkliche Stärke können wir nur entwickeln und zum Meistern unserer Aufgabe einbringen, wenn sich Körper und Geist gegenseitig befruchten.

All das geht nicht in flottem Tempo. Wir dürfen und müssen uns Zeit nehmen. Wird eine Übung hektisch ausgeführt, dann ist dies ein sicheres Indiz dafür, dass wir mit unserem Bewusstsein nicht wirklich dabei sind bzw. dass nach wie vor der «Alltagsstress-Gang eingelegt» ist. Um uns einzulassen, um uns mit unserem Tun zu vereinen, brauchen wir Zeit.

## Einlassen

Einlassen … Das ist eine kleine Entdeckungsreise, jedes Mal neu, immer mit unbekanntem Ausgang. Damit das Abenteuer gelingt, müssen wir dranbleiben, auch wenn es unbequem oder mühsam wird. Einlassen heißt Neues erfahren, lernen, hinzugewinnen. Dies setzt voraus, dass wir alte Bilder, Meinungen, Erfahrungen zumindest so weit abgeben, dass sie uns nicht hemmend im Wege stehen. Einlassen bedeutet, ein Risiko einzugehen, sich zu öffnen, verletzbar zu werden.

Wir können uns auf ein Objekt einlassen, das wir mit den Augen erfassen, z. B. eine Blume unmittelbar vor uns oder eine Baumkrone in weiter Ferne. Dazu ist es nötig, unseren Gesichtssinn zu schärfen und mit einem kleinen

*Unsere Enkel. Der Ältere hat ganz von selbst die exakte Schussposition gefunden, er ist eins mit seinem Tun. Für den Jüngeren gibt es in diesem Moment nichts auf der Welt, außer den Pfeil einzulegen.*

Fokus nur das wahrzunehmen, was wir zu sehen beabsichtigen. Alle Vorstellungen, wie eine Blume oder eine Baumkrone auszusehen hat, fallen weg – und es bleibt das reine Gewahrwerden des Objekts. Wir stellen fest, dass unsere Augen große Mühe damit haben und sich dagegen sträuben. Allzu schnell öffnen sie den Fokus wieder, wandern weg, irgendwohin. Aber wir holen sie liebevoll zurück und richten unser Augenbewusstsein erneut auf das Jetzt.

Dieselbe Erfahrung können wir machen, wenn es darum geht, unseren Gehörsinn zu schärfen. Vogelstimme, Bachrauschen, Wind in den Bäumen – unsere Ohren sind darauf eingestellt, nebenbei zu hören, einen weiten Gehörfokus zu haben. Wie ungewohnt und schwierig es für uns ist, einen ganz engen Fokus zu entwickeln, zeigte sich z. B., als die Mitglieder einer gut geübten Gruppe und ich in einem völlig abgedunkelten Raum, also ohne Scheibe, Pfeil und Bogen sehen zu können, nur auf einen Piepton schossen. Obwohl es kaum Außengeräusche gab und alle Übenden sich absolut still verhielten, fiel es uns sehr schwer, genau hinzuhören und uns ausschließlich auf diesen Ton zu konzentrieren. Wir mussten lernen, uns dem Ton zu öffnen, ihn tief in uns eindringen zu lassen. Nur so war es uns einigermaßen möglich, Körper und Geist danach auszurichten. Wir alle erlebten dieses Training als eine der kompliziertesten und anstrengendsten Übungen.

Um wirklich zu hören, das heißt, um auf die Botschaft, die unser Gegenüber uns mitteilen möchte, oder auf die Botschaft unseres Herzens hören zu können, müssen wir uns einlassen – nicht nur auf das gesprochene Wort, sondern auch auf die Tonlage. Wir müssen nicht nur das Was, sondern auch das Wie hören. Bei der Kommunikation über E-Mail erlebe ich häufig, wie schnell es zu Missverständnissen kommt. Das hängt nicht nur damit zusammen, dass es oft schwer ist, komplizierte Nachrichten oder gar Gefühle so zu beschreiben, dass sie klar sind. Der tiefere Grund der Missverständnisse ist das Fehlen der Tonlage, durch die unsere Gefühle transportiert werden und durch die manches Mal mehr ausgesagt wird als durch das gesprochene Wort selbst. Wirklich zu hören bedeutet, auf den Inhalt zu hören, der in Wort *und* Ton transportiert wird, bedeutet Vorurteile aufzugeben oder zumindest für den Augenblick zur Seite zu legen, bedeutet, all die Wände in Form von Sorgen und Ängsten, von Kleinmut, Missgunst und Zerstreutheit wegzuräumen. Nur so kann es zu einer tiefen Kommunikation kommen – «von meinem wahren Wesen zu deinem wahren Wesen». Uns darauf einzulassen ist eine große Herausforderung und erfordert regelmäßiges und lebenslanges Üben.

Manchmal ist es in unserem Leben nötig, dass wir uns auf eine Aufgabe, eine Idee einlassen. Warum fällt uns dieses völlige Einlassen, Offensein so schwer? Ist es wirklich nur eine Frage der Konzentration, zwangsläufige Folge unserer Lebensgewohnheiten, Ergebnis unserer umtriebigen, schnellen und oberflächlichen Zeit? Oder verbergen sich dahinter Lebensängste, Enttäuschungen? Wollen wir lieber nicht so genau «hinschauen»?

Wir haben die Wahl: Wir können ängstlich, verzagt, halbherzig reagieren. Wir können aber auch mutig agieren, indem wir den nächsten Schritt tun – denn das Leben, das uns in der konkreten «Übung des Jetzt» begegnen möchte, lädt uns ein, mutig weiterzugehen. Und dieser Einladung wollen wir folgen! Die nun anstehende Übungsabfolge schenkt uns viele Gelegenheiten, uns im Einlassen zu üben, und zwar in sehr unterschiedlichen Wahrnehmungen.

Wir bringen den Bogen vor unserem Körper in die Waagerechte, um den Pfeil einzulegen. Damit bei niemandem ein Gefühl der Bedrohung durch einen nach vorne gerichteten Pfeil entsteht, richten wir den Winkel nach unten. Mit der Zughand nehmen wir den Pfeil und achten auf die Führungsfeder – das ist in der Regel die andersfarbige Feder. Sie muss nach oben – senkrecht – zur Sehne stehen. Der Pfeil wird eingenockt, d. h., der Nock* klickt direkt unter der Markierung, dem so genannten Nockpunkt, auf der Sehne ein. Das Einnocken erfolgt mit einem gut vernehmbaren «Klick». Der Pfeil wird nun auf die Auflagefläche im Bogenauge* gelegt. Mit Zeige-, Mittel- und Ringfinger greifen wir auf die Sehne und müssen dabei beachten, dass der Zeigefinger über dem Pfeil, die beiden anderen Finger unterhalb des Pfeils liegen. Dabei dürfen beim Recurvebogen Zeigefinger und Mittelfinger den Pfeil nicht berühren, um den Flug nicht zu beeinträchtigen. Das Endglied von Mittel-, Ring- und Zeigefinger liegt auf der Sehne.

Nun bringen wir den Bogen mit aufgelegtem Pfeil direkt vor unserem Körper in seine Ausgangsstellung. Dabei ist der Bogenarm leicht angewinkelt, der Pfeil zeigt in einer Schräglage zum Boden, die Zughand liegt dicht am Körper; im Bereich des Hara ist sie gestreckt und bildet so einerseits das Verbindungsglied zum Pfeil, andererseits zu Handgelenk, Unterarm und Ellbogen. Es ist ein klarer Ausdruck der geistigen Präsenz, wenn Pfeil, Hand am Hara, Unterarm und Ellbogen eine gerade

128

*Ausdruck der Sammlung*

Linie bilden. Diese gerade Linie ist nicht nur eine wichtige Vorgabe für den Schuss. In diesem Augenblick spiegelt sie auch unseren Geisteszustand wider: unaufmerksam, halbherzig, vorauseilend – oder wach, bereit!

Diese präsente Haltung zeigt deutliche Parallelen zu der Haltung unserer Hände beim Zazen: Sie liegen wie zwei Schalen ineinander, die linke Hand in der rechten. Die beiden Daumen bilden eine gerade Linie und berühren sich sanft an den Daumenspitzen. Stehen die Daumen in einem steilen Winkel nach oben, ist dies nicht nur ein Zeichen für Unachtsamkeit, sondern auch für Verspannungen im Schulterbereich. Fallen Hände und Daumen schlaff herunter, ist dies Ausdruck von Schläfrigkeit, Dösen und geistigem Abschweifen.

Die Bogenübung kann nur gelingen, wenn wir uns einlassen. Vor allem drei Sinne sind gefordert:

1. Unser *Gesichtssinn*, um die richtige Feder als Führungsfeder wahrzunehmen. Beachten wir dies nicht, wird der Pfeilflug unruhig und das Ergebnis unbefriedigend sein.

2. Unser *Gehörsinn*, um das «Klick» des einnockenden Pfeils auf der Sehne tatsächlich zu hören. Eine Nichtbeachtung hat zur Folge, dass der Pfeil nur halb aufsitzt und beim Ziehen der Sehne herunterfällt, was oft mit großem Erschrecken verbunden ist und die Mitübenden gefährden kann.

3. Unser *Tastsinn*, um unsere Fingerglieder richtig auf die Sehne zu bringen und in den rechten Kontakt zu unserem Körper im Bereich des Hara zu kommen.

Mit jedem einzelnen Übungsschritt – es werden nie zwei Schritte gleichzeitig gefordert – öffnen wir uns ein wenig mehr und lassen das Leben eintreten in *unser* Leben. So sehr, dass *das* Leben und *unser* Leben nicht zu trennen sind: *Unser Leben ist das Jetzt, das Jetzt ist das Leben* – in seiner ganzen Fülle, seiner Schönheit, seinem Wunder.

Jetzt – so scheint es – ist alles bereit, und es kann endlich losgehen! Doch halt, nun kommt die vielleicht schwerste Übung: Wir stehen also wach, bereit für den nächsten Schritt und denken dabei natürlich erst einmal an die «eigentliche Schussfolge». Doch weit gefehlt! Der nächste Schritt heißt: Dreimal ruhig ein- und dreimal ruhig ausatmen. In diesem Moment nichts weiter zu tun, als zu atmen, ist deshalb so schwer, weil unsere Gedanken es gewohnt sind, über den Augenblick hinauszueilen. Unsere Ungeduld und unsere Aufgeregtheit setzen uns gewaltig zu, und es erfordert erhebliche Anstrengung, unsere Gedanken zu sammeln und einfach nur zu atmen. Wie schon so oft werden wir auch bei diesem Übungsschritt eingeladen, uns von dem Zustand des Seins berühren zu lassen und zu erfahren, dass auf diese Weise alle Ungeduld und alle Angst schwindet und wir in einen Zustand des Geerdetseins, der Gelassenheit und Sicherheit gleiten können. Als Folge ist zu beobachten, wie sich mit dem bewussten Ausatmen unsere Schultern senken, unser Brustbein nach vorne und oben ausrichtet, Spannungen und Blockaden im Rücken und im Gesäß lösen und ein weiter Raum öffnet, erfüllt von Tiefe, Sammlung und Heiterkeit. Dieser Zustand äußerster Sammlung ist gleichzeitig ein Zustand größter Entspannung: Unsere Arterien öffnen sich für eine bessere Durchblutung, unsere Lungen dehnen sich aus und können mehr Sauerstoff aufnehmen, unsere Muskeln werden flexibler und weicher. Kurz: Wir fühlen uns gut und voller Energie!

Diese Übung – wir können sie «Drei-Atemzüge-Zen» nennen – lässt sich in so manche Alltagssituation übernehmen. Bei der Hektik vieler Tätigkeiten haben wir oft das Gefühl, selbst überhaupt nicht mehr zu existieren. Wir werden so sehr nach außen gezerrt, dass wir als Person – als aus der Mitte, aus einem Zentrum handelnd – nicht mehr existieren. Allzu häufig sind wir für diese Situation aber auch selbst verantwortlich, fördern sie durch unser Verhalten.

Nehmen wir als Beispiel eine wichtige Besprechung. Wie bereiten wir uns vor? Hektisch, in letzter Minute? Es stimmt nur zum Teil, dass wir Gehetzte sind. Wir tragen selbst in hohem Maß zu der Situation, unter der wir leiden, bei. Wir haben Freiräume, Möglichkeiten der Gestaltung, auch im Arbeitsleben. Wir müssen sie allerdings wahrnehmen – im doppelten Sinne: als «sehen» und «nutzen» – und uns das immer wieder in Erinnerung rufen. Solche Pausen gleichen nicht dem Verringern der Geschwindigkeit, sondern sind echtes Innehalten, um dann weiterzumachen. Auf diese Weise entstehen kleine Inseln inmitten der Brandung, und unsere wachsende Zentrierung im Bauch lässt uns zunehmend fest und stark sein. Pausen einrichten sei eine richtige Lebensphilosophie, sagen manche. Pausen einrichten – das muss unsere Lebenspraxis sein, dann geht es uns richtig gut.

Sie, liebe Leserin, lieber Leser, sind eingeladen, dieses «Drei-Atemzüge-Zen» öfter am Tag zu praktizieren: Setzen Sie sich aufrecht, mit geradem Rücken auf einen Stuhl, legen Sie Ihre Hände mit der Handinnenfläche auf die Oberschenkel, und atmen Sie bewusst dreimal tief ein und aus. Sie werden feststellen: Ja, es gibt mich noch, hier bin ich – und jetzt arbeite ich weiter!

Kehren wir zu unserer Bogenübung zurück: Die Zughand berührt spürbar unsere Körpermitte, also den Bereich des Hara. Einatmend stellen wir uns vor, dass sich das Ki in der Körpermitte versammelt und mit dem Ausatem im ganzen Körper verströmt. Der Bauch ist der Ort der Kraft, einer Kraft, die unerklärlich und fast übersinnlich scheint und doch gar nichts zu tun hat mit Phänomenen, die wir aus dem parapsychologischen Bereich als «übersinnlich» kennen. Diese gespürte Kraft ist so innerweltlich wie die Luft zum Atmen und bewirkt doch ungewöhnliche Leistungen.

Als anschauliches Beispiel sei von einer Frau erzählt, die in einem Verein Bogenschießen lernte, und zwar zunächst mit einem ihrem Alter und ihrer Figur entsprechenden Bogen. Sie schaffte es nur mit größter Anstrengung, diesen Bogen zu ziehen, und hatte Tage später noch heftige Muskelschmerzen im gesamten Schulterbereich. Auch dieselbe Übung mit einem schwächeren Bogen – 16 lbs (englische Pfund) –, einem Kinderbogen, veränderte nichts. Verzweifelt kam die Frau zu uns. Sie lernte, mit ihrem Atem die Kraftquelle ihres Körpers, nämlich die Leibesmitte zu finden, aus ihr heraus zu handeln und ihre Übung mit dem Atemfluss zu koordinieren. Das Ergebnis war, dass sie völlig schmerzfrei einen Bogen mit 24 lbs ziehen konnte.

Koordinieren heißt jedoch nicht nur, dass Atem und Übung zeitgleich verlaufen. Wir verbinden Atem und Bewegung vielmehr so miteinander, dass wir beides als Einheit erleben, sozusagen unseren Atem in die Übung, «auf den Pfeil» bringen. Aber auch hier gilt: Die Leistung ist nicht der wirkliche Maßstab. Entscheidend ist zu lernen, dass wir mit Hara, mit dem Finden der Leibesmitte und dem Üben aus ihr heraus, im Lot bleiben, und zwar sowohl dann, wenn wir «erfolgreich» sind, als auch, wenn wir einen «Misserfolg» ertragen müssen. So weist jede Übung über sich hinaus, zeigt uns den Weg. Diesen mit unserem Herzen zu erkennen und mit unserer Übung zu gehen – mit unserem ganzen Bemühen – heißt, «aus dem Hara» zu leben, aus der Mitte, aus diesem Schwerpunkt.

Deutlich wird dies beim Betrachten von Buddha-Statuen, am augenfälligsten bei dem bereits erwähnten Hotei, dem dicken, glücklichen Buddha. Sein massiger Bauch ist nicht nur Ausdruck eines zufriedenen, satten Lebens, sondern möchte uns helfen, sein Zentriertsein in der Körpermitte zu erkennen. Aber auch bei Darstellungen oder Abbildungen von buddhistischen Asketen können wir sehen, dass der Schwerpunkt in der Mitte des Körpers verankert ist und dass die in der Haltung sichtbare Kraft eben dort ihre Quelle hat. Bei einigen Figuren wird dieses Körperzentrum durch eine leichte Außenwölbung der Bauchdecke angedeutet. In diesen Buddha-Statuen spiegelt sich, was jedem Menschen von Anfang an innewohnt und als Aufgabe gegeben ist: verankert zu sein in seiner Mitte und aus ihr zu leben (s. Abb. S. 136/137).

Um diese Erfahrung machen zu können, um uns spürbar unserer Mitte zu vergewissern, betonen wir den Kontakt unserer Zughand zum Körper. Die Körperhaltung ist offen, frei, der Atemfluss kann ungehindert strömen. Jede Bewegung, die nun folgt, sei es das Heben des Bogenarms oder das Ziehen der Sehne, kommt spürbar, körperlich wahrnehmbar, aus dieser Mitte.

## Zum Ziel schauen

Bevor jedoch auch nur die kleinste Bewegung unseres Bogenarmes erfolgt, müssen wir zum Ziel schauen, und zwar mit beiden Augen. Die Augen bleiben während des gesamten Vorgangs geöffnet. Um die folgende Übung mit dem Atem zu koordinieren, richten wir unseren Blick – mit einer Drehung des Kopfes in Richtung Scheibe – exakt auf den Zielpunkt und sagen uns innerlich: Da ist der Punkt, da will ich hin!

Dieses «Zuerst schauen, dann handeln» ist überhaupt nicht selbstverständlich. Ganz oft ist zu beobachten, dass Menschen in die Bewegung gehen, also den Bogenarm heben und damit die Mitte des Körpers verlassen, bevor sie überhaupt einen Blick auf die Scheibe oder gar auf den Zielpunkt gerichtet haben. Wie aber soll unser Bewusstsein sich zentrieren, wie soll sich unser Körper mit all seinen Muskeln ausrichten, wie kann ein Treffer gelingen, wenn dieses bewusste Anschauen des Zieles fehlt? Ist die Ursache für viele danebengegangene Pfeile in unserer Lebensübung nicht die, dass wir uns nicht die Zeit nehmen, nicht die Geduld und die innere Klarheit aufbringen, das Ziel anzuschauen, sondern stattdessen allzu häufig aus einem nebulösen Impuls heraus handeln?

Auch wenn uns diese Überlegungen zunächst ganz normal erscheinen, sind sie es nicht. Oft ist uns gar nicht bewusst, wie «blind» wir tatsächlich handeln. Es bedarf eines Anstoßes von außen, um uns dies klar werden zu lassen.

So stand eines Tages eine Frau wieder einmal schussbereit da – und immer, wenn sie den Bogen nach vorne streckte und in Richtung Scheibe hätte schauen müssen,

*Hara, die Leibesmitte, das hervorstechendste Merkmal dieser Statue*

schloss sie die Augen. Ich beobachtete dies eine geraume Zeit, bis ich sie darauf ansprach. «Ich schließe die Augen?», fragte sie erschrocken und flüsterte dann mit leiser und tränenerstickter Stimme: «Das tu ich schon seit einigen Tagen.» Es bereitete ihr große Mühe, nach vorne zu schauen, sich bewusst auf ein Ziel einzulassen und zu konzentrieren. Sie musste lernen, alle Selbstzweifel zu überwinden, alle einschränkenden Bilder aus der Vergangenheit loszulassen und sich mit ganzer Kraft nach vorne zu orientieren. Alles, was ihr in vielen Psychotherapiestunden nahe gebracht worden war, was sie sich selbst immer wieder eingeredet hatte, das musste sie nun

*Auch eine asketische Figur ist deutlich in der Mitte zentriert.*

mit Körper und Geist praktisch realisieren – denn nur so konnte es zu einer verwandelnden Kraft werden und sich fest in ihrem Leben verankern.

Wir haben unsere Übung beim ruhigen Stehen – dem Augenblick der Sammlung – verlassen. Mit unserem letzten Ausatem, bevor der nächste Schritt beginnt, drehen wir den Kopf und richten das Auge aufs Ziel. Dem Ausatem folgt der Einatem. Während dieses ruhigen Einatmens heben wir den gestreckten Bogenarm samt Bogen in Richtung Zielpunkt. Der Bogenarm bleibt gestreckt, bis er – wie von einem unsichtbaren Impuls gesteuert – auf der Höhe zum Stehen kommt, die wir für ein gutes Gelingen benötigen. Der Oberkörper neigt sich leicht in Richtung Ziel, wodurch eine totale Ausrichtung, gleichsam mit allen Fasern, erfolgt. Während des synchron verlaufenden Vorgangs *Einatmen und Bogenarm heben* liegt meine Zughand, wie beschrieben, auf der Sehne, hebt sich ebenfalls hoch und ist dabei angewinkelt, ohne die Sehne zu spannen. Während des gesamten Vorgangs bleibt die gerade Linie – ausgehend vom Pfeil bis zu meinem Ellbogen – erhalten. Das bedeutet, dass der Ellbogen weder nach oben gestreckt wird noch nach unten durchhängen darf. Am Ende des Übungsablaufs stehen Bogenhand, Pfeil, Zughand und Zugarm sowie Ellbogen auf Schulterhöhe. Unsere Lunge ist gut gefüllt, und die Einatmung kommt zum Abschluss. Nun kann das Ziehen der Sehne, verbunden mit der Ausatmung, erfolgen.

# 6

# DER INTUITION
# VERTRAUEN

## Die innere Stimme

Unter «Intuition» verstehen wir das nicht auf Analyse beruhende Erkennen, das Erfassen einer Situation und ein
daraus resultierendes Verhalten. Intuition ist ein Wissen,
das nur mit «Weisheit jenseits von Weisheit» bezeichnet
werden kann – unmittelbares und nicht bewusst oder
vernünftig gesteuertes Handeln, das oft auch vernunft-
widrig anmutet, unlogisch und deshalb rational nicht
fassbar. Da es «aus dem Bauch» zu kommen scheint, tun
sich Menschen, die von ihrer Intuition geleitet werden,
in Auseinandersetzungen mit anderen oft schwer. Ihnen
ist es nicht möglich, logisch zu argumentieren, stattdessen verweisen sie darauf: «Mein Gefühl sagt mir ...» Wer
so redet, hat in unserer Welt – vor allem in der Ge-
schäftswelt, aber auch beim persönlichen Ringen um
Entscheidungen – ziemlich schlechte Karten, zumindest
auf den ersten, oberflächlichen Blick. Er entzieht sein
Denken, Reden und Handeln einer nachvollziehbaren
Kontrolle, begibt sich in einen dem Verstand nicht zu-
gänglichen, nicht überprüfbaren Bereich.

Unsere Zeit ist von Analysen geprägt. Die Analysten
beherrschen das Geschehen an der Börse, Banken ge-
währen nach exakter Analyse des Marktes Kredite. Bis in
die intimste Privatsphäre hinein geht es um eine möglichst systematische, sprich logische Untersuchung eines
Sachverhalts oder einer Situation, um zu einem möglichst risikolosen, abgesicherten Handeln zu kommen.

Ich bin weit davon entfernt, dies schlecht machen zu wollen oder zu verurteilen. Im Gegenteil: Wir brauchen unseren klaren Verstand und unsere Vernunft. Was wir jedoch verinnerlichen sollten, ist die Erkenntnis, dass der Verstand nur einen Teilbereich dessen ausmacht, woraus die Impulse für unsere Einsicht kommen. Beim Rezitieren von Texten, beim Lesen eines Goethe-Gedichts erleben wir, dass es zwei Ebenen des «Verstehens» gibt. Wir können einen Text sprachanalytisch verstehen und spüren gleichzeitig intuitiv, dass sich uns damit nur eine Seite, nämlich die oberflächlichere, erschließt. Wir ahnen, dass es eine Wahrheit «zwischen den Zeilen» bzw. «hinter den Worten» gibt und dass diese Wahrheit wesentlich ist, etwas mit unserem tiefsten Inneren zu tun hat, sich uns jedoch nur bruchstückhaft, in einem fortdauernden Prozess erschließt. Diese Form des Verstehens klammert den Verstand nicht aus, geht jedoch über ihn hinaus. Intuition können wir auch als «innere Stimme» bezeichnen. Sie ist etwas, das wir nicht greifen, auch nicht begreifen, wohl aber vernehmen und spüren können.

## Herr Aber

Es gibt Momente, in denen wir den intuitiven Anteil in uns ganz deutlich wahrnehmen. Dann kann es möglicherweise zu Spannungen kommen: «Eigentlich sollte ich mal zum Arzt gehen, um mich durchchecken zu lassen – aber das hat auch noch Zeit.» «Ich möchte am liebsten einmal gar nichts tun, aber das kann ich mir einfach nicht leisten.» Auf diese Weise vernichten wir viele unserer intuitiven Wünsche und Eingebungen mit unserem rationalen Denken. Wir bringen diese Stimme durch unser «Ja, aber ...» zum Schweigen. Es ist an der Zeit, diesen Vorgang einmal genau zu überprüfen, um zu erkennen, dass wir uns mit diesem Aber einem lebenswichtigen Impuls entziehen: Aus unserem spontanen Ja wird ein Nein – mit manchmal bedauerlichen Konsequenzen für unser Wohlbefinden, unsere Gesundheit, unsere Beziehungen, unseren Beruf.

Sehr ausgeprägt erlebte ich eine solche Situation bei einem Kursteilnehmer, einem liebenswürdigen, älteren Herrn. Ich nannte ihn «Herr Aber», weil er mir mit seinem ständigen «Ja, aber ...» keine Chance gab, ihm irgendetwas wirklich zu zeigen. So erklärte ich der Gruppe unter anderem, dass ein Bogen ohne Pfeil niemals gezogen und gelöst werden darf, da sich im Bogen eine große Energie aufbaut, die im Normalfall an den Pfeil abgegeben wird. Fehlt der Pfeil, überträgt sich die Kraft – zwangsläufig – ausschließlich auf die Bogenarme, was bei Fiberglasbogen zu feinen Rissen und bei reinen Holzbogen zur völligen Zerstörung führen kann. Herr Aber hatte einen ganz neuen, wunderschönen Holzbogen mitgebracht. Er hörte sich meine Argumentation geduldig an. Doch hatte er tatsächlich gelernt? Selbst meine auf Erfahrung beruhende Argumentation, die noch nicht einmal intuitiv gesteuert war, konnte ihn nicht davon abhalten zu beteuern: Mit seinem Bogen passiere das nicht, weil erstens, zweitens, drittens ... Ich arbeitete mit der Gruppe weiter, bis es einen heftigen Knall gab und der neue Holzbogen von Herrn Aber zerbrach.

Das geschieht immer wieder. Neue Bogen werden durch Sachlichkeit, Nüchternheit, Lieblosigkeit, Kälte zugrunde gerichtet! Ob wir lernen, beidem, der Intuition und der Ratio, den ihnen gemäßen Platz einzuräumen? Möglicherweise hören Sie beim Lesen dieses Buches eine innere Saite, über die der Wind streicht und die leise zum Schwingen kommt ... Diese Saite hat die Fähigkeit zu klingen. Verfolgen Sie diesen Ton weiter? Geben Sie ihm die Chance, einen größeren Raum einzunehmen? Oder setzen Sie ein «Ja, aber ...» dagegen?

Sind wir bereit zu lernen, dass diese innere Kraft eine große Bereicherung für uns darstellt, wenn wir es wagen, sie zu leben? Wir müssen uns eingestehen, dass dieses Pflänzchen namens Intuition ein Schattendasein führt, verkümmert und kaum eine Möglichkeit hat, tief zu wurzeln, um zu erblühen und Früchte in unser Leben hineinzutragen. Unsere Vorfahren waren in hohem Maße auf ihre Intuition angewiesen, wollten sie überleben. Sie hatten psychische Wahrnehmungskräfte, von denen wir nur noch wenig ahnen, die uns jedoch nicht gänzlich verloren gegangen sind. Wir haben durch unsere Orientierung nach außen, durch unser Vertrauen auf materielle Werte den Zugang und vor allem das Vertrauen in unsere innere Stimme und unsere inneren Werte verloren.

Unser Intellekt lebt von dem, was andere uns lehren und was zur (uns) gelehrten Wahrheit wurde. Es kommt danach also von außen und ist für uns überprüfbar. Unser Problem ist die Einseitigkeit, mit der wir nicht nur unsere privaten, sondern auch unsere beruflichen Aufgaben erledigen. Es gibt so viele Situationen, in denen nicht unser logisches Denken gefragt ist – mit seinem oft starren Konzept, an dem wir uns dann krampfhaft festhalten –, sondern unser spontanes Entscheiden, unser intuitives Erfassen eines Augenblicks. Dies gelingt nur im Loslassen aller Konzepte und Regeln und im Einlassen auf das Jetzt. Dazu bedarf es jedoch des Mutes, der Klarheit und der Bereitschaft, Verantwortung zu übernehmen.

Natürlich ist es leichter, sich starr auf Konzepte zurückzuziehen. «Damit mache ich auf keinen Fall was falsch», meldet sich dann die Stimme des Verstandes. Dabei ist genau diese Reaktion an dieser Stelle absolut falsch. Es sind in der Welt schreckliche Dinge passiert, weil sich Menschen auf gewohnte Konzepte zurückgezogen haben – und es erfolgen in Betrieben falsche Entscheidungen, weil der Mut fehlt, spontan und flexibel zu reagieren. Genauso gibt es viel zu viel vermeidbare Unmenschlichkeit, z. B. in Schulen, Krankenhäusern, Pflegeheimen für demente Personen, weil die Menschen nur gelernt haben, «Befehle» auszuführen, und meinen, damit auf der sicheren Seite zu sein. Intuition hat mit Spontaneität, Flexibilität und Wachheit zu tun. Es wäre ein großer Gewinn für alle Lebensbereiche, würden wir diesem Lebenselixier einen breiteren Raum zugestehen. Intuition braucht uns niemand zu lehren, sie ist da, kommt von innen. Wir haben nur verlernt, mit ihr umzugehen, uns ihr anzuvertrauen. Wir bedürfen nur ganz einfacher Formen, um uns diesem Teil unseres Seins wieder zu nähern. Natürlich geschieht dies nicht von jetzt auf gleich. Aber mit entsprechender Bereitschaft und Übung wird es uns gelingen, in Harmonie zwischen Bewusstem und Unbewusstem zu leben. Im *Tao-te ching* heißt es: «Also die reifen Menschen – Wissen, ohne umherzugehen, Erkennen, ohne hinzusehen, Vollbringen, ohne zu handeln.»

Lassen Sie uns diese Weisheit in der Übung unseres Bogenweges überprüfen. Wir stehen breitbeinig da und heben den Bogenarm so lange, bis eine innere Stimme «Stop» sagt. Unser Tun besteht aus der Aktivität des bewussten und erkennbaren Hebens und dem nicht hörbaren inneren Impuls, der uns genau an der richtigen Stelle anhalten lässt. «Das Zielen geschieht beim Hochgehen», heißt es in der Bogensprache.

Versuchen wir, uns diesen Vorgang anhand eines einfachen Beispiels klar zu machen. Wir stehen, beide Augen geöffnet, deuten mit dem ausgestreckten Zeigefinger auf einen ein paar Meter entfernten Gegenstand und sagen: «Schau, da ist …» Wenn dies ganz impulsiv geschieht, gibt es in diesem Moment keine Hand, keinen Finger, kein Ich und kein Du, kein Konzept, sondern nur den Gegenstand, auf den mein Blick gerichtet ist. Wenn wir unsere Hand sowie den ausgestreckten Finger exakt an dieser Stelle unbeweglich in der Luft stehen lassen und den Zeigefinger zu einer Linie verlängern, kommen wir genau auf den gemeinten Punkt. Ein Übender sprang einmal spontan zu der Baumwurzel, auf die ich zeigte, legte sich dicht an die Wurzel auf den Boden, richtete seinen Blick auf meinen Finger und rief völlig verblüfft: «Das stimmt ja tatsächlich! Der Finger zeigt genau auf diesen Punkt!»

Damit dies gelingt, bedarf es einiger Voraussetzungen, die ich hier noch einmal zusammenfassend nennen will:

- Die Übung beansprucht meine ungeteilte Aufmerksamkeit. Wenn sich ein Gedanke, ein Gefühl, eine Wahrnehmung zwischen mein Tun und mein Bewusstsein schiebt, sei es Angst, Zweifel, Wollen, Konzepte usw., dann bin ich in diesem Moment nicht bei dem einzig Wesentlichen, auf das es jetzt ankommt. Denn es gibt kein Handeln hier und ein Denken dort – dann wäre ich geteilt. Mich vollkommen der Übung zu überlassen heißt, ganz handlungsorientiert zu sein.

- Alles Denken, das sich dazwischenschiebt, hat entweder mit meinem Tun nichts zu tun («Hätte ich meine Tochter doch bloß nicht so ausgeschimpft heute Morgen …»), oder es ist ein kontrollierendes Denken im Sinne von «zu hoch» oder «zu tief». Der Versuch, kontrollierend zu korrigieren, ist das komplizierteste Hindernis in dieser Phase. Es geschieht einfach, wie von selbst, ohne dass wir etwas «machen» im Sinne von: «Jetzt muss ich anhalten.» Diese wenn auch nur ganz kurze Überlegung wäre im Sinne des *Tao-te ching* ein Handeln, wäre analytisches Denken. «Jetzt habe ich den Punkt» heißt, du hast ihn soeben verloren. «Jetzt mache ich es ganz richtig» heißt, du machst es gerade kaputt. Tue das Nichttun – und alles wird getan.

- Fällt unser Blick bewusst oder unbewusst auf den Pfeil,

sind wir versucht, die Pfeilspitze in Übereinstimmung mit dem Zielpunkt zu bringen – mit dem Ergebnis, dass der Pfeil deutlich zu hoch auf der Scheibe ankommt.

- Oft stehen uns unsere Vorbehalte im Weg. «Das kann doch gar nicht funktionieren», meldet sich da ein innerer Protest, der uns zeigt, wie unendlich schwer es uns fällt, jede Kontrolle aus der Hand zu geben, um uns ganz und gar zu überlassen. «Kann ja sein, dass das funktioniert, aber …» Manche erleben diese Phase des Loslassens aller Gedanken als beängstigend, wie einen Sprung am Trapez ohne Netz, in ein unbekanntes Niemandsland. Es vertrauensvoll geschehen zu lassen macht den wirklich «reifen Menschen» aus, der ausgeglichen ist und alle Anteile seines Wesens lebt.

## Zielen, ohne zu zielen

Bei dieser Übung verlassen wir den Raum des bewussten Tuns und begeben uns in den Bereich des Intuitiven, wir lernen, uns zu überlassen, und zwar eben jener Stimme, die uns den richtigen Platz zuweist. Der Schritt, in dem «Es geschieht», fällt uns oft deshalb so schwer, weil der Prozess der Kontrolle meist unbewusst abläuft und darum auch nicht durch irgendeine bewusste Maßnahme zu beeinflussen ist. Wer jedoch bei der Übung bleibt, sich ihr hingibt und damit das kleine Pflänzchen, dem wir den Namen Intuition gegeben haben, pflegt, darf erleben, wie es gedeiht und wächst – bei dem einen allmählich, bei dem anderen blitzartig und unerwartet.

Die Frucht, das Bild, die Summe der Pfeile auf der Scheibe ist das Ergebnis unseres ganzheitlichen Bemühens, des harmonischen Zusammenwirkens von Körper und Geist, von Ratio und Intuition. Diese Verbindung schafft eine ungeteilte Unabhängigkeit von allem, was uns hindern könnte, die Aufgabe, die das Leben in diesem Moment an uns stellt, zu erfüllen – mit Hingabe und Liebe, mit Freude und Leidenschaft.

Wir haben in dieser Übung eine wichtige Erfahrung gemacht: Wir haben gelernt, dass uns der Bogenweg einerseits etwas nimmt, nämlich unseren tradierten Glauben an den Verstand und dessen Verlässlichkeit, und uns gleichzeitig etwas gibt: ein Vertrauen, das nicht erklärbar ist, und eine Heiterkeit, unabhängig von Erfolgserlebnissen und Resultaten. Wir sind dem Abenteuer Leben näher gekommen.

## Intuition – Domäne der Frauen?

Fraglos ist der Bereich Intuition den meisten Frauen vertrauter als der Mehrzahl der Männer. Männer aktivieren vorwiegend ihre linke, die intellektuelle Gehirnhälfte, die sich mit mathematischem Verstehen und logischen Denkprozessen beschäftigt. In dieser Gehirnhälfte, also dem rationalen Anteil des Gehirns, werden Probleme gelöst, Fragen unseres Verstandes erörtert. Frauen leben stärker aus dem Emotionalen heraus, sie leben die rechte Gehirnhälfte, also die kreative Seite, in der künstlerische Prozesse in Gang gesetzt werden. Sie sind damit dem transpersonalen Raum näher als die meisten Männer. Aus diesem Grund sind in etlichen spirituellen Einrichtungen achtzig bis neunzig Prozent der Gäste Frauen. Männer «brauchen das nicht»!

Tatsächlich? Sind die Männer in unserer Gesellschaft so glücklich mit ihrem weitgehend rational gesteuerten Leben? Kommen sie wunderbar zurecht? Die Wirklichkeit zeigt uns ein ganz anderes, ein erschreckendes Bild. Es gibt weit mehr männliche Kriminelle, Suizidgefährdete, Obdachlose, Gewalttäter und Drogenabhängige als weibliche. Dies gilt für alle Bevölkerungsschichten und ist unabhängig von sozialem Status oder Bildung: ein deutliches Signal dafür, dass es in der Männerwelt große Defizite an Emotionalität, Körperempfinden, Kreativität und Spiritualität gibt und dass der zunehmende Zerfall dieser Werte in einer männlich geprägten Welt zu tiefer seelischer Verarmung und Verzweiflung führt. Patrick Arnold schreibt in seinem Buch *Männliche Spiritualität*:

> Ich übertreibe nicht, wenn ich behaupte, dass die Moderne Generationen von betäubten Männern geschaffen hat, die nicht einmal ihre eigenen Erfahrungen spüren, geschweige denn ohne Hilfe artikulieren können.

Andererseits gibt es sehr viele Frauen, denen es an Durchsetzungsvermögen, Härte, also jenen der Männlichkeit zugeordneten Eigenschaften, fehlt. Es geht nicht darum, dass alle Männer «weiblicher» werden sollen oder alle Frauen «männlicher», sondern um Ausgeglichenheit, um die Fähigkeit, alle Potenziale zu leben. Dass sich bei unserem Bogenweg der Anteil von Männern und Frauen ungefähr die Waage hält, ist ein Zeichen dafür, dass Frauen und Männer durch die Art der Übung zu einer großen Ausgeglichenheit ihrer männlichen und weiblichen Seiten finden können. «Weibliche» Frauen lernen, auch ihre männlichen Potenziale zu leben, «männliche» Frauen entdecken ihre Weiblichkeit, und bei Männern ist es ähnlich. Wir werden im weiteren Verlauf des Bogenweges noch andere Phasen kennen lernen, bei denen das Zusammenspiel der männlichen und weiblichen Anteile entscheidend ist.

# 7

# WEITERE SCHRITTE
# ZUM SEIN

## Vom Handwerk

Jene Leserinnen und Leser, die nicht den Bogensport ausüben, mögen mir verzeihen, wenn ich wieder auf den weiteren technischen Verlauf unserer Bogenübung eingehe. Ich möchte Sie zum einen möglichst anschaulich an dem Vorgang teilhaben lassen, vielleicht auch neugierig machen. Die ausführliche Beschreibung soll es Ihnen aber auch ermöglichen, den Bogen, seine Handhabung und die gesamten Abläufe noch deutlicher als bisher als Spiegelungen von Verhaltensweisen zu erkennen und das Leben somit immer mehr als Kunstwerk zu betrachten, es bewusst zu gestalten und entsprechend zu meistern. Denen, die den Bogensport bereits aktiv betreiben, möchte ich erklären, auf welche technischen Erfahrungen ich zurückgreife, die sich bei unserer Art des Schießens bewährt haben, wohl wissend, dass es kein Falsch oder Richtig im absoluten Sinn gibt. Der Übungsverlauf soll zu jedem Einzelnen passen, und er soll dem Einzelnen individuell helfen, allmählich dorthin zu gelangen, worauf es ihm bei seiner Übung ankommt.

Da traditionelle Bogenschützen ausgeprägte Individualisten sind und Bogenschießen sehr stark Ausdruck der eigenen Persönlichkeit ist, gibt es keine starren Regeln, sondern lediglich hilfreiche Erfahrungswerte, um deren Einhaltung wir uns zur anfänglichen Orientierung bemühen wollen – allerdings mit der Freiheit, sie nach Jahren des Übens verlassen zu können, um einen persönlichen Stil zu finden.

## Das Herz des Bogenschießens

Während des gesamten weiteren Verlaufs bleiben wir mit unserem Blick auf dem Zielpunkt, ohne allerdings auf ihn fixiert zu sein. Unser Bewusstsein ist konsequent handlungsorientiert. Das Auge verharrt zwar beim Ziel, der Blick nach innen geht jedoch zum Tun selbst. Nachdem wir Pfeil und Bogen in die intuitiv gefundene Position ge-

*Pfeil, Zughand, Zugarm bis Ellbogen bilden eine gerade Linie.*

bracht haben, ist gleichzeitig unser Einatmen zu Ende – es beginnt das Ausatmen und damit der Auszug. Dieser wird von fast allen traditionellen Bogenschützen als die wichtigste Phase bezeichnet, Fred Asbell nennt ihn in *Instinktives Schießen* das «Herz des Bogenschießens überhaupt». Dem stimme ich voll und ganz zu! Ist der Auszug nicht korrekt, zerstören wir unsere gesamte wichtige Vorarbeit.

Mit unserer Bogenhand halten wir den Bogen unverkrampft, so dass er sich der Richtung, die unsere Zughand beim Auszug vorgibt, anpassen kann. Die Bogenhand darf nicht abgewinkelt sein. Wir achten im Folgenden darauf, dass diese Hand, der Pfeil, die Zughand und der Zugarm samt Ellbogen auf einer Linie bleiben – bis zum Ankerpunkt und noch darüber hinaus.

Mit dem auf Linie gebrachten Ellbogen unterstützen wir das Bemühen, nicht kraft unserer Armmuskulatur zu schießen, sondern mit unserem Rückenmuskel, dem Trapezmuskel. Der gestreckte Ellbogen wird wie von einem Gummiband nach hinten gezogen (Hebelwirkung im Schultergelenk). Wenn gleichzeitig der Bogenarm vom Rückenmuskel nach vorne gedrückt wird, entsteht eine sehr stabile, aber ganz lockere, entspannte Haltung des gesamten Rücken- und Brustbereichs.

Wie gesagt: Der Beginn des Auszugs ist auch exakt der Beginn unserer Ausatmung. Dies wird oft als befremdlich empfunden. Doch bei genauerem Hinschauen fällt uns auf, dass wir tatsächlich viele körperlich anstrengenden Arbeiten mit dem Ausatem verbinden, z. B. Holzhacken. Der Wechsel in unserem Tun verläuft gleichzeitig mit dem Wechsel unserer Atmung.

Während des Ziehens drehen wir unseren Oberkörper kontinuierlich, also in einer fließenden Bewegung, um etwa zwanzig Grad in Richtung Zielpunkt. Diese Drehung, die beim Becken beginnt und sich bis zu den Schultern fortsetzt, ermöglicht es uns, im gesamten Körper völlig entspannt zu sein, ohne die Festigkeit im Oberkörper zu verlieren. Unsere Schultern bilden jetzt eine gerade Linie zum Ziel, und unsere Zughand erreicht mühelos unsere Wange.

## Zum Ankerpunkt kommen

Vorläufiges Ziel unseres Auszugs ist der Ankerpunkt. Das ist beim traditionellen Bogenschießen der Mundwinkel, der mit der Spitze des Mittelfingers der Zughand erreicht wird. (Um zu verhindern, dass die Sehne den unteren Brillenrand berührt, können BrillenträgerInnen den Zeigefinger verwenden.) Um exakt dort anzukommen, legen wir den Daumen gestreckt dicht an die Handinnenfläche.

Eine andere Möglichkeit, gut dort anzukommen, besteht darin, den Daumen in der Handinnenfläche gestreckt, aber locker in Richtung der Wurzel des kleinen Fingers oder des Ringfingers auszurichten. Wenn der Mittelfinger (bzw. Zeigefinger) den Ankerpunkt erreicht hat, liegt der Daumen unter dem Kieferbogen.

Wie auch immer wir mit dem Daumen verfahren, entscheidend ist, dass er nicht steif und gekrümmt von der Handinnenfläche absteht und somit zu einem unüberwindlichen Hindernis auf dem Weg zum Ankerpunkt wird. Die Stabilität an diesem Punkt ist Grundvoraussetzung für einen weichen und entspannten Ablass. Das ist der Augenblick, in dem der Pfeil aus unseren Fingern gleitet und in Richtung Ziel abflitzt. Die Stabilität hilft uns erstens, dass dieser Vorgang nicht plump wird, und zweitens, dass wir die Finger nicht verziehen. Hier benötigen wir viel Feingefühl, um genau den Wechsel von aktivem Tun – Ziehen und Ankommen – zu völlig passivem Geschehenlassen wahrzunehmen.

### Der Schuss fällt vom Schützen ab

Obwohl oft der Begriff «Loslassen» für diesen Vorgang verwendet wird, der bei unseren weiteren Überlegungen auch an Bedeutung gewinnt, klammere ich ihn an dieser Stelle zunächst bewusst aus, da wir mit ihm noch allzu viel *aktives Tun* verbinden. Loslassen aber muss geschehen, und es ereignet sich tatsächlich von selbst, wenn wir den Impuls des Ankerns* verspürt haben und nun nichts weiter tun, als auf dem Höhepunkt der Übung unsere – die Sehne haltenden – Finger zu entspannen. In diesem Moment rutschen die Sehne und mit ihr der Pfeil ganz von selbst und mühelos ab, gleiten förmlich von der Hand.

Diesen Augenblick beschreibt Eugen Herrigel so:

Sie können von einem gewöhnlichen Bambusblatt lernen, worauf es ankommt. Durch die Last des Schnees wird es herabgedrückt, immer tiefer. Plötzlich rutscht die Schneelast ab, ohne dass das Blatt sich gerührt hätte. Verweilen Sie, ihm gleich, in der höchsten Spannung, bis der Schuss fällt. So ist es in der Tat: wenn die Spannung erfüllt ist, muss der Schuss fallen, er muss vom Schützen abfallen, wie die Schneelast vom Bambusblatt, noch ehe er es gedacht hat.

Während dieses Vorgangs bleibt die Hand an der Wange und wird in einer Verlängerung zur Flugbahn nach hinten gezogen. Wenn die Hand nach dem «Lösenlassen» des Schusses nicht an der Wange bleibt, ist dies oft ein Zeichen für einen instabilen Anker und Ausdruck einer unpräzisen Übung. Abgesehen davon haben wir keinerlei Möglichkeit, den Rückschlag des Bogens nach dem Lösen weich aufzufangen. Der Schlag geht voll auf den Oberkörper, was zu einem unschönen Rütteln führt und unseren Gelenken nicht gut tut. Lassen wir jedoch unsere Hand dicht an der Wange nach hinten gleiten, wird auch dieser Teil der Übung sanft und harmonisch.

Oft ist zu beobachten, dass im Moment des Lösens Zughand samt Zugarm völlig unkontrolliert nach hinten ausschlägt und dabei das Schultergelenk heftig überdehnt wird, was nach jahrelanger Übung zu schweren Gelenkproblemen führen kann. Oder es ist so, dass unmittelbar nach dem Lösevorgang der Zugarm und gleichzeitig der Bogenarm abrupt absacken. Dann fehlt das so genannte Nachhalten, also das Beobachten des Pfeils, bis er sein Ziel erreicht hat. Dies nennt man auch den «Pfeil austragen». Geübt wird das Nachhalten, indem der Bogenarm gestreckt bleibt, ebenso der Oberarm des Zugarms. Unterarm und Hand bewegen sich in einer geraden Linie nach hinten. Jetzt gibt es einen Moment, in dem wir ganz geöffnet stehen: Schultern zurück und Brustraum geweitet, um mit dem letzten Rest des Ausatems unsere beiden Arme sinken zu lassen. Mit dem gleichzeitigen Nachspüren – Wie fühlt sich mein Körper an? Welche Gefühle kommen hoch angesichts der Scheibe? Wie gesammelt bin ich? – findet der Übungsverlauf sein Ende. Ruhig und gelöst dastehend, atmen wir ein und aus, bis wir zum nächsten Pfeil greifen.

Abgesehen von unserem Bogenritual können wir von acht Übungsschritten sprechen:

1. bewusstes Stehen
2. Pfeil einnocken
3. Sammlung
4. einatmend den Bogenarm heben
5. ausatmend ziehen
6. ankern
7. lösen
8. nachhalten

Sind alle Pfeile auf den Weg gebracht worden – maximal fünf in einem Übungsverlauf –, bildet die Gruppe wieder eine enge geschlossene Reihe, verbeugt sich gemeinsam vor dem Ergebnis und holt die Pfeile aus der Scheibe.

*Warum üben wir?*

Wir haben nun gelernt, was «zielen, ohne zu zielen» bedeutet. Es geht darum, durch eine exakte Haltung und die Präzision der Übung das Zielen im eigentlichen Sinn überflüssig werden zu lassen. Und trotzdem gibt es eine Scheibe und einen schwarzen Punkt. Wie schwer es ist, mit diesem scheinbaren Widerspruch umzugehen, zeigt folgende kleine Episode, die sich auch in unserem Dojo ereignet haben könnte:

Ein Europäer wurde eingeladen, einem berühmten japanischen Meister beim Bogenschießen zuzuschauen.

Der Meister schoss, er wurde vollkommen eins mit Pfeil und Bogen, doch der Pfeil landete nicht im schwarzen Punkt. Der Europäer kam nach Hause und bemerkte etwas überheblich: «Der Meister des Bogenschießens traf noch nicht einmal das Ziel!» Der Meister hörte von dieser Bemerkung und lud den Europäer erneut zu einer Übung ein. Jetzt, so dachte der Europäer, wird mir der Meister seine wirkliche Kunst zeigen. Der Meister nahm einen Pfeil, wurde vollkommen eins mit Pfeil und Bogen, der Pfeil landete in der Weite des Meeres.

Warum üben wir? Die Essenz der Geschichte liegt in dem kleinen Satz «Er wurde vollkommen eins mit Pfeil und Bogen». Wir üben, um eins zu werden mit dem Leben, wie es sich in diesem Augenblick ereignet. Die Scheibe benötigen wir, um zu erkennen, was dieser Unmittelbarkeit der Erfahrung im Wege steht – unser Ich-Wahn. Sie hilft uns, diese Unmittelbarkeit nicht in einem Traumland, einem Wolkenkuckucksheim zu erfahren. Sie holt uns auf den Boden herunter und zeigt uns, was Sache ist. Sie hilft uns, dass wir uns nicht in unserem Bemühen verlieren, uns nicht verzetteln. In unserem Bemühen, es «auf den Punkt» zu bringen, lernen wir, auch sehr gezielt mit dem umzugehen, das anzugehen, was die Übung uns als Aufgabe vor die Füße legt.

Tief in uns schlummert eine Sehnsucht nach diesem Einssein. Doch auch hier gilt: zielen, ohne zu zielen! Das bedeutet: Wir gehen nicht bewusst diesen oder jenen konkreten Punkt, diese oder jene konkrete Eigenschaft in uns an, sondern überlassen es der Übung, welchen Prozess sie in uns auslöst, und vertrauen darauf, dass der Bogen uns genau den Punkt zeigt, zu dessen Veränderung wir jetzt in der Lage sind.

# Der Bogen als Spiegel

Im Verlauf der Übung geschieht es unweigerlich, dass die Übenden in ihrem Können wie ihrem Misslingen spannende, manchmal erschreckende Parallelen zu ihrem Leben erkennen. Besonders intensiv werden diese Erfahrungen durch das Schweigen während des ganzen Tages. Wenn die Sammlung gelingt, gibt es wenig Ablenkung, nur den Blick auf sich selbst.

Nachdem Sie an dem Bemühen teilgenommen haben, die äußere, technische Seite der Übungen nachzuvollziehen, können Sie mir nun weiter folgen und die innere Seite des Weges eingehender betrachten. Im Unterschied zu übenden Personen mit dem Bogen in der Hand fällt es Ihnen leichter wegzuschauen, auszuweichen, die üblichen Ablenkungsmanöver zuzulassen, denn was es zu sehen gibt, ist häufig die Ursache leidvoller Erfahrungen. Aber vielleicht gibt es in Ihnen auch eine Stimme, die Ihnen das Ausweichen nicht erlaubt. Sie ist Ausdruck Ihrer Sehnsucht nach Klarheit und Freiheit. Pythagoras (580–500 v. Chr.) sagt sinngemäß: «Wirklich frei ist der, der sich selbst befehlen kann.» Also erteilen Sie sich mutig und bewusst den Auftrag hinzuschauen, indem Sie zu sich selbst sagen: «Ich will den Weg der Leidbefreiung finden.»

Der Grundgedanke unseres Bemühens ist ganz einfach: Wenn es zutrifft, dass meine Schwierigkeiten bei der Bogenübung (z. B. nicht loslassen zu können) Ausdruck und Spiegel meiner Lebenssituation sind, dann zeigt die Außenseite etwas, das sich innerlich, in mir, gebildet hat. Das Gesetz, nach dem dies abläuft, lautet: «So innen, so außen!» Stimmt das, dann gilt auch der Umkehrschluss: «So außen, so innen!» Indem ich «äußerlich», mit meinem Üben, konsequent und beharrlich an mir arbeite, darf ich darauf vertrauen, dass damit auch innerlich, in meinem tiefen Sein, etwas verändert wird.

Häufig kommt es vor, dass wir zwar sehr genau wissen, was wir an unserer technischen Übung verändern sollten, es uns aber nicht gelingt. Natürlich kann das in einer gewissen Unfähigkeit begründet sein, möglich ist auch, dass wir uns eine Fehlhaltung angewöhnt haben, von der wir uns ganz lange nicht trennen können (oder wollen).

Ich habe aber den Verdacht, dass es bei dem Versuch, etwas zu verändern, Widerstände gibt, die von innen kommen – wie bei festgerosteten Weichen, die klemmen und sich partout nicht umstellen lassen wollen. Es handelt sich um fallenartige Muster, in die wir immer wieder hineinstolpern. Für unsere Übung heißt das: Dranbleiben mit großer Geduld und voller Hoffnung!

Der Brief, den mir eine übende Frau geschickt hat und den ich mit ihrer Erlaubnis veröffentlichen darf, könnte durchaus eine Ermutigung sein:

Ich möchte dir nun beschreiben, was der Bogen mit mir macht. Als wir von dir in die Kunst des Bogenschießens eingeführt wurden, da sagtest du bei vielen Vorgängen, was sie in unserem Leben mit uns meinen. Beim Hinstellen sagtest du: «Zu euch selber müsst ihr stehen – nicht zu den anderen.» Der Satz «Zu euch selber müsst ihr stehen» ist bei mir in eine große Tiefe hineingefallen. Dieses Selbstbewusstsein fehlte mir – und nun ist es da. In Gedanken nehme ich den Bogen immer mit mir. Es ist ein ganz schönes Gefühl, sich richtig hinzustellen und den Griff des Bogens fest zu umfassen. Da kann ein anderer am Bogen rütteln, und dennoch vermag er nichts. So ist es auch in Wirklichkeit.

Ich habe einen ganz tiefen und schönen Glauben (Vertrauen) – der Boden, auf dem ich stehe –, und ich habe berufliche Kompetenz – das Umgehen mit dem Bogen. Ich habe beides immer verinnerlicht, und es ist tief drinnen in einer großen Konzentration aufbewahrt. Doch nach außen hin war ich immer nur leise und scheu und hatte nichts zu sagen.

Wenn ich im Gedanken an den Bogen in meinen Alltag hineingehe, merken die Menschen um mich herum, dass sich etwas in mir verändert hat. Ich stehe zu mir selber und fange an, die vielen Pfeile, die ich empfangen habe (meine verinnerlichten Schätze), auf den Weg zu bringen. Dabei empfinde ich unsagbare Freude, und die Menschen um mich herum werden davon berührt.

Beim Nacht-Schießen im Geübten-Sesshin habe ich gemerkt, wie sehr alle meine Sinne beteiligt sind: das Tasten der Finger beim Einspannen des Pfeiles und dann das gespannte Hören, ob der Pfeil sein Ziel auch erreicht hat. Man kann es hören – es ist wunderbar.

Wenn ich die Sehne spanne und loslasse, atme ich mit einem langen Atem aus. Ich stelle mir vor, dass der Pfeil auf diesem Atem wie auf einem Luftstrom sein Ziel erreicht.

Der Bogenweg unterstützt genau den Vorgang, der bei mir durch eine Supervision gestärkt werden soll. Als ich nach dem Anfängerkurs im Bogenschießen zur Sitzung kam, sagte der Psychologe zu mir: «Wie Sie heute hereingekommen sind …! Es hat Ihnen gut getan – das Bogenschießen.» Ja, so ist es! Es grüßt dich in Freude K.

Bei unserer Übung brauchen wir die Koordination von Atem (einatmen = heben; ausatmen = ziehen und lösen) und Bewegung. Dies kann nur gelingen, wenn wir mit unserem Bewusstsein ganz und gar dabei sind. Ein Mann meinte bei einem Kurs: «Das ist für mich die schwerste Übung», und sprach damit aus, was viele empfinden. Mit unseren Gedanken sind wir nicht bei unseren Handlungen, unseren Gesprächen. Die Gedanken eilen voraus, hängen hinterher, schweifen träumend irgendwo hin. Sie verbinden sich nicht mit der Situation, die in diesem Moment mein Leben ausmacht.

Den berühmten Satz von Descartes «Ich denke, also bin ich» möchte ich wie folgt umwandeln: «Ich bin, wie ich tue.» Übertragen auf unsere Beobachtung heißt das: Wenn ich in meinem Tun von meinem Denken getrennt bin, von meinem Bewusstsein, meiner bewussten oder unbewussten Wahrnehmung, dann bin ich getrennt, zweigeteilt, bin in einem dauernden Zerrissensein. Nie ein Ganzes, nie ganz dabei! Die Konsequenzen und Ergebnisse sind oft leidvoll, wenig effektiv – und was viel schlimmer ist, wir erweisen mit diesem Verhalten uns selbst und unserem Tun, aber auch dem Wesen, mit dem wir es in diesem Moment zu tun haben, nicht den Respekt, der angemessen wäre.

Wie stets gelingt es natürlich nicht, dies allein durch einen inneren Befehl zu verändern. Der Befehl kann nur lauten: Ich will lernen, ich will mich einüben – während meines Zazen oder während meiner Übung mit dem Bogen –, mein Bewusstsein mit meinem Tun zu verbinden, und erlebe so das Sein in seiner ganzen Tiefe und

Schönheit. Ich erlebe die Faszination, die darin liegt, das Leben neu zu gestalten.

Dieses Lernen und Üben können wir in ganz alltägliche Situationen integrieren. Wir brauchen dazu unsere innere Bereitschaft, eine klare Selbstbeobachtung und den Mut, uns ins Jetzt zu rufen. Schenken wir diese Form der Selbstbeobachtung zum Beispiel unserem Atem: Sein Fließen oder Stocken sagt viel über unsere Lebenspraxis aus. Wir sollten nicht vergessen, unseren Atem und unsere Leibesmitte im Bewusstsein zu behalten. Denn das Ankommen des Atems in dieser Mitte ist die Grundvoraussetzung für alles Gelingen.

Wir haben gelernt: Unser Blick richtet sich mit unserem Ausatem auf den Zielpunkt, und mit dem Einatmen heben wir den Bogen. Wir wissen, dass wir bis zum Ende der Übung einen langen Ausatem brauchen. Dazu ist ein ruhiger und bewusster Einatem die Basis. Doch was geschieht? Der Bogen wird buchstäblich hochgerissen, und das Einatmen gleicht einem kurzen «Schnappen» – mit dem Ergebnis, dass unser Bogen zu hoch angesetzt wird, weil wir die innere Stimme, die das «Stop» sagt, gar nicht hören konnten, und wir machen die wichtige Entdeckung, dass unser Atem nicht ausreicht, um die Übung zu einem fließenden Abschluss zu bringen.

Vielleicht können Sie die hier beschriebene Erfahrung auf Situationen in Ihrem Leben übertragen. Ein hektischer, überschäumender, kraftloser, unkontrollierter, von Anspannung und Angst begleiteter Start in einen Termin, ein Gespräch, eine Begegnung, eine neue Aufgabe. Stellen wir dieser kleinen Liste negativer «Vorzeichen» eine Positivliste gegenüber, dann wird daraus: ruhig, begeistert, beherrscht und gelassen, entspannt und konzentriert, verantwortungsvoll und heiter, dynamisch und mutig. Bewusstes und ruhiges Einatmen kann uns helfen, diese Eigenschaften in uns zu wecken und zur Entfaltung zu bringen. Aber wir müssen damit beginnen. Am besten sofort! Jetzt! Gestatten Sie sich keine Ausreden!

Kehren wir zum Bogen zurück. Wir haben gelernt, dass dem Heben des Bogens das Ziehen der Sehne folgt. Es findet also ein Wechsel der Aufgaben statt. Und exakt in diesem Wechsel kommt es auch zum Wechsel unseres Atems: Unser Einatem wechselt in den Ausatem. Das ist nicht selbstverständlich und macht oft Probleme. Deshalb möchte ich im Folgenden die gängigsten Fehlleistungen innerhalb dieser Übungsphase beschreiben.

- Häufig fließt der Ausatem bereits, obwohl mit dem Ziehen der Sehne noch gar nicht begonnen wurde. Oder die Sehne wird schon gezogen ohne das begleitende Ausatmen; das heißt, wir beginnen mit einer Aufgabe, ohne unseren Atem, unsere Lebensenergie hineinzugeben. Es fehlt der *ganze* Einsatz, um das Werk zu vollenden, denn wir haben begonnen, ohne mit allen Sinnen bereit zu sein.

- Da wird die eingeatmete Luft während des Ziehens angehalten, im Leib gepresst, um sie dann im Moment des Ankommens mit einem Stoß auszupusten. Klar, dass der Abgang unseres Pfeils in diese «Explosion» hineingerät, unser Körper in Disharmonie kommt und wir die Übung ratlos abbrechen. Die Energie ist zwar vorhanden, doch ist sie so gespeichert, dass sie nicht kontinuierlich und harmonisch abgegeben werden kann, sondern sich unkontrolliert, vulkanartig entlädt.

- Als äußerst schwierig erleben wir die richtige Dosierung des Atemflusses, die gewährleistet, dass uns der

Atem während der langen Reise begleitet – vom Beginn des Ziehens über das Ankommen des Mittelfingers im Mundwinkel zur Öffnung unseres Herzraumes, wenn Zugarm und Bogenarm in eine gerade Linie kommen, bis zum Ende der Übung, wenn unsere Arme langsam sinken und damit der gesamte Verlauf wie in einem Kreis zum Abschluss kommt. Wahrlich ein weiter Weg, und wir benötigen dafür nicht nur einen langen Atem, sondern auch die Fähigkeit, diesen nicht unkontrolliert in alle Richtungen zu verschleudern. Wir müssen unsere Lebenskraft – unseren Atem – stattdessen so dosieren, dass er uns kontinuierlich bis zum Abschluss der Übung, bis zum Ende des Weges zur Verfügung steht. Es gibt eine indianische Tradition, bei der unser Sternzeichen Löwe ein Adler ist. Bei der Charakterisierung dieses Sternzeichentyps heißt es, dass der Adler zwar die große Kraft besitzt, sich mächtig, kühn und eindrucksvoll in die Lüfte zu erheben. Dabei passiert es jedoch, dass seine Kräfte nicht ausreichen, um wohlbehalten in seinen Horst zurückzukehren. Er stürzt ab. Auf unsere Übung übertragen, bedeutet das: Er kann mit seinen Energien nicht achtsam umgehen, er übernimmt sich und fällt.

Adlermenschen? Adlersituationen? Ob Sie, liebe Leserin, lieber Leser, sich da wiedererkannt haben? Wollen Sie sich die Frage beantworten, an welcher Hürde Sie «außer Atem geraten» und fast oder tatsächlich gestrauchelt sind? Wenn Sie dazu Lust verspüren oder neugierig geworden sind, vergegenwärtigen Sie sich den Übungsverlauf noch einmal vom Anfang bis zum Abschluss, verbinden Sie den Verlauf mit dem Atem und beobachten Sie genau, was geschieht. Das kann eine richtige Entdeckungsreise werden.

Aber vielleicht brauchen Sie das gar nicht. Denn das Leben hat Ihnen Ihren «schwachen Punkt» schon häufig gezeigt. Dann benötigen Sie viel Aufmerksamkeit. Sammeln Sie Ihren Atem immer wieder in Ihrer Leibesmitte – und Sie werden bald Veränderungen feststellen können.

## Der Anker

Als meine Familie und ich noch nicht in der Mühle wohnten, verbrachten wir den größten Teil unseres Sommerurlaubs mit längeren Seetörns, die wir mit unserem gut ausgestatteten und hochseetüchtigen, aber offenen Schlauchboot unternahmen. Da wir in dem Boot nicht schlafen konnten, sondern die Nächte in kleinen Zelten an einsamen Ufern oder auf unbewohnten Inseln verbrachten, war das Finden eines geeigneten Ankerplatzes eine existenzielle Aufgabe. Wir verbrachten zur Vorbereitung viel Zeit mit dem Studium der einschlägigen Literatur, um eine passende, windgeschützte Bucht zu finden. Das konnten wir nicht dem Zufall überlassen. Wir benötigten die Tipps anderer «Seeleute» und vertrauten deren Erfahrung.

Genauso wichtig und lebensnotwendig war das Auswerfen des Ankers. Wir überprüften den Meeresgrund, um sicher zu sein, dass unser Boot auch bei aufkommendem Sturm nicht abgetrieben würde. Auch aus der Bogenweg-Übung ist uns der Begriff «Anker» bzw. «Ankerpunkt» in der Zwischenzeit vertraut. Wir wissen mittlerweile, dass das richtige Ankommen – also die «richtige Bucht», die übereinander liegenden Lippen und den präzisen Ankerpunkt, unseren Mundwinkel, zu finden – darüber entscheidet, ob unsere Übung letztlich gelingt.

Wer wir auch sind, wie sich unsere Lebensaufgabe auch darstellt – jeder braucht einen Ankerpunkt, und jeder muss sich auf den Weg machen, ihn zu entdecken und aus ihm heraus zu leben. Dabei dürfen wir auf die Erfahrungen derer zurückgreifen, die vor uns unterwegs waren, dürfen ihrer Spur vertrauen. Aber den Anker müssen wir selbst werfen. Niemand kann, niemand soll uns das abnehmen. Und wenn wir an Lehrer geraten, bei denen wir das Gefühl haben, dass sie das für uns übernehmen möchten, sollten wir sie schleunigst verlassen – auch wenn die vorformulierte Antwort so wundervoll bequem erscheint. Wir brauchen unsere eigene Erfahrung. Der Bogenweg zeigt uns dies sehr deutlich: Es zählt nur mein Atem, mein Ziehen, mein Ankommen und Lösen. Es ist meine Hand, die sich unter großer Anspannung meinem Mundwinkel nähert und ihn schließlich punktgenau erreicht. Anker auf Abstand geht nicht, denn der Anker ist nicht außerhalb von mir – aber er ist auch nicht in mir. «Schieß mit deinem Sein» heißt: Du bist Anker und Ankerpunkt zugleich.

«Die Suche nach dem sicheren Ort ist zu Ende, du bist der sichere Ort.» Dieses «du» meint nicht die Persönlichkeit, die ich als mein Ich definiere, aber auch nicht ein Du, das außerhalb von mir existiert. Der Augenblick des Jetzt überschreitet Innen und Außen, überschreitet Begriffe wie Zeit und Ewigkeit. Im Ungrund – ein Grund, der gleichzeitig Nichtgrund ist – verankert zu sein schafft die Sicherheit und den Mut, mit Stürmen umzugehen und sich mit Ängsten anzufreunden.

Gerade das Finden des Ankers beim intuitiven Bogenschießen lässt uns das oben Angedeutete erfahren: Im Ankerpunkt anzukommen ist ein kleiner, aber konkreter Moment des Verweilens, nur ein Impuls, ein Signal, das mir sagt: Du kannst weitergehen! Ankern ist Nichtbesitzen. Der Ankerpunkt wird nicht mein Eigentum, er bringt kein gemütliches Niederlassen, sondern einen Augenblick der Gewissheit, die im Tun entsteht. Das Verankert*sein* ist erfahrbar. Wird jedoch der Anker zum Begriff, zur Sache, zerstören wir sein haltgebendes Element.

Dieses «fließende» Ankern, das Verankertsein in der Leerheit, verhilft uns zu Toleranz im Umgang mit anderen Weltanschauungen. Aber auch jede Leerheit kann zu einer dogmatischen Größe werden, indem ich sie zu meinem «Besitz» mache und glaube, diese Erfahrung jederzeit wiederholen zu können, indem ich andere auf diese meine Erfahrung festlege, und zwar so, dass ich für andere Erkenntnisse nicht mehr offen bin. Wird die Leerheit zum Dogma, dann wird das hohe buddhistische Gut, nämlich die besondere Bereitschaft, andere Weltanschauungen anzuerkennen, zunichte gemacht. Diese Bereitschaft, die in jedem persönlich wachsen muss, ist die Grundvoraussetzung für dauerhaften Frieden.

Die «relative Festigkeit» unseres Ankerns wird in einem Koan mit folgendem Bild ausgedrückt: «Sei unbeweglich wie ein Baum im stürmischen Wind.» Das ist unsere Berufung. Wie ein Baum verankern wir uns im Boden, der uns Kraft und Sicherheit gibt. Menschen mit flachen Wurzeln bleiben an der Oberfläche, werden die

*Die Spitze des Mittelfingers findet leicht zum Mundwinkel, dem Ankerpunkt.*

Fülle des Lebens nicht entdecken, können sich nicht voll entfalten. Sie müssen schweben, stets in der Gefahr, dass der Lebenssturm sie umpustet, sie fühlen sich angreifbar und verletzlich. Mit tiefen Wurzeln dürfen wir uns in die Weite und Freiheit des Himmels strecken. Wie ein Baum sind wir nicht steif, weil wir sonst allzu schnell abbrächen, sondern beweglich-unbeweglich. Wie ein Baum dürfen wir immer weiter wachsen, bis unsere Reise zu Ende ist und wir unsere Aufgabe erfüllt haben.

# Täuschende Gedanken und Gefühle

*Ganz wach!*

Im *Mumonkan*, der Koan-Sammlung des Meisters Mumon aus dem 13. Jahrhundert, gibt es folgende Geschichte, die Sabine Hübner in ihrem Buch *Das torlose Tor* zitiert:

> Meister Zuigan pflegte jeden Tag sich selbst zuzurufen: «Meister!», und zu antworten: «Ja!» Dann rief er erneut: «Ganz wach! Ganz wach!», und antwortete: «Ja! Ja!» «Lass dich nicht von anderen täuschen, an keinem Tag, zu keiner Zeit.» – «Nein! Nein!»

Das zweite der vier Großen Gelöbnisse, die in fast allen Zen-Traditionen regelmäßig gesprochen werden, lautet:

> BON-NO MU-JIN SEI GAN DAN –
> «Täuschende Gedanken und Gefühle sind grenzenlos – ich gelobe, sie alle zu lassen.»

Mit Täuschungen sind unsere Wahrnehmungen gemeint. Diese halten wir für die Wirklichkeit. Es ist erstaunlich, wie oft das geschieht und welcher Fülle von Missverständnissen wir dabei erliegen – mit oftmals fatalen Folgen. Nicht nur, dass wir uns über andere täuschen oder dass andere uns täuschen wollen, nein, wir täuschen uns über uns selbst. Deshalb möchte ich zu Meister Zuigans Ermahnung, «Lass dich nicht von anderen täuschen», hinzufügen: Täusch dich nicht über dich selbst! Bei unse-

171

rer Bogenweg-Übung sind wir schon einer Reihe solcher Selbsttäuschungen begegnet:

- Wir glauben, aufgerichtet zu stehen – tatsächlich stehen wir gekrümmt oder mit Hohlkreuz, halten unseren Kopf in Schräglage usw.
- Wir sind überzeugt, unseren Atem mit unserem Tun exakt zu koordinieren – tatsächlich beginnen wir mit unserer Atmung zu früh, zu spät ...
- Eine Quelle von Täuschungen ist der Ankerpunkt: Mittelfingerspitze landet im Mundwinkel – so lautet die Anweisung. Doch was geschieht? Es war nicht der Mittelfinger, sondern die Spitze des Daumens im Mundwinkel, die drei Finger der Zughand berührten nicht die Wange, sondern hatten deutlichen Abstand, das Lösen geschah nicht, als der Mittelfinger im Mundwinkel war, sondern deutlich später, auf der Wange ...
- Viele AnfängerInnen sind von Formulierungen wie «ziellos zielen» oder «schießen, ohne treffen wollen zu müssen» fasziniert und ahnen nicht, welche Herausforderung gerade diese Sätze beinhalten und wie groß die Gefahr der Selbsttäuschung ist. Das heißt, wir *glauben*, nicht zu zielen, tun es aber doch.

Als Beispiel sei hier eine kleine Geschichte erzählt: Ein junger Inder – nennen wir ihn Ashoka – war schon öfter bei uns zur Übung gewesen. Er erzielte «gute Ergebnisse» in dem Sinne, dass er die Mitte traf. «Ashoka», sagte ich, «du zielst!» «Nein, Sensei», meinte er, «ich ziele nicht!» Ich überließ ihn seiner Übung. Nach einiger Zeit kam er und meinte: «Sensei, du hattest Recht. Ich

habe tatsächlich gezielt, aber jetzt tue ich es nicht mehr.»
Ich beobachtete ihn. Seine Schüsse kamen wie vorher,
und er hatte ein gutes Ergebnis auf der Scheibe. «Ashoka», sagte ich, «du zielst noch immer!» «Aber nein,
bestimmt nicht!», war seine Antwort – und dabei war er
von seiner Wahrnehmung überzeugt.

So wurde es Abend, und das Nachtschießen stand bevor. Es war so dunkel, dass kein Pfeil mehr zu sehen war,
nur noch der kleine, erleuchtete Punkt auf der Scheibe.
Ashoka schoss drei Pfeile ab. Wir fanden sie nie!

Dieses Erlebnis war so schockierend, offenbarend, ernüchternd für Ashoka, dass er sich ohne Kommentar ins
Auto setzte und nach Hause fuhr. Er hat sich nie mehr gemeldet und auch auf einen Brief von mir nicht reagiert.
Schade, denn jetzt hätte der Prozess des Lernens beginnen können …

Genau hier liegt der Knoten. Wie gehen wir damit um,
wenn einer daneben steht und sagt: Deine Haltung
stimmt nicht, deine Atmung setzt zu spät ein, dein
Ankerpunkt ist unpräzise, du zielst – obwohl doch meine
ehrlich überprüfte Wahrnehmung mich überzeugt sein
lässt, alles richtig zu machen? Bin ich bereit, diese Korrektur offen anzunehmen, oder verschließe ich mich und
zurre damit die bereits vorhandene Verknotung (mein falsches Verhalten) fester? Wir sind sehr erfinderisch und haben eine Menge Tricks auf Lager, wenn es darum geht, uns
und unser Tun nicht in Frage stellen zu müssen. Unser
«stolzes» Ich reagiert sehr allergisch, wenn sein goldener
Thron angekratzt wird. Mögliche Reaktionen sind:

• Ich nehme die Korrektur nicht als Hilfe für meine
  Übung wahr, sondern als Kritik an meiner Person.

- Nach meiner Wahrnehmung mache ich alles richtig, mein Gegenüber irrt sich.
- Möglich, dass meine Übung nicht ganz stimmig ist, aber so gravierend ist das auch nicht, der andere ist einfach kleinlich, oberlehrerhaft.
- Der andere mag mich nicht und will mich nur demütigen.
- Ich werde wütend, reagiere gereizt, beginne zu diskutieren.

Betrachten wir vor diesem Hintergrund Zuigans Frage an sich selbst noch einmal: Bist du wach? Hast du einen klaren Blick? Nicht vernebelt durch alte Erfahrungen, die sich jetzt in Ängsten, mangelndem Selbstvertrauen, Vorurteilen oder Selbstüberschätzungen äußern?

Das erste der drei «geistigen Gifte», von denen der Buddha spricht und die Leid erzeugen, ist unsere Gier. Zum Beispiel die Gier, alles richtig zu machen, gut zu sein, uns richtig einzuschätzen, überzeugt zu sein, dass unsere Wahrnehmung der «Wirklichkeit» entspricht. Tatsächlich aber sind wir durch diese Gier dem dritten Gift, der Verblendung, zum Opfer gefallen. In dieser Situation kann es passieren, dass wir Irritationen, Verletzungen, Kränkungen auf die augenblickliche Situation, vor allem aber auf die Person übertragen, die unsere Übung, unsere Wahrnehmung in Frage stellt, uns in unserer Überzeugung und Erwartung nicht bestätigt – und darum zu völlig falschen Schlüssen kommen.

Eine Schülerin, die mit für sie überraschenden spirituellen Erfahrungen und eigenen Deutungsmustern zu mir zum Einzelgespräch kam, war sehr enttäuscht, dass ich ihre Deutungen nicht bestätigen konnte, und interpretierte dies als Ablehnung und Demütigung. Es bedurfte intensiver Nacharbeit, um sichtbar zu machen, dass sowohl ihre Deutung der Phänomene als auch meine vermeintlich ablehnende Reaktion ihre subjektive Wahrnehmung war und darum nur eine begrenzte Schau der Dinge sein konnte. Da unser Schüler-Lehrer-Verhältnis auf einer guten, tragfähigen Vertrauensgrundlage basierte, die auch durch die Krise dieses Prozesses nie erschüttert wurde, meinte sie am Schluss: «Außer dir hätte mir das niemand so sagen dürfen ...» Und: «Wie oft habe ich meinem Mann, meinen Kindern Unrecht getan, indem ich meine Wahrnehmung als absolut setzte und dem anderen sagte: Du siehst das falsch!»

Diese Anekdote zeigt uns einmal mehr die tiefe Bedeutung, aber auch die große Herausforderung der Schüler-Lehrer-Beziehung. Wenn jemand mit der Bitte kommt, SchülerIn werden zu dürfen, lautet meine Frage: «Bist du bereit zu lernen?» Natürlich wird dies bejaht, wobei wir mit dem Begriff «lernen» immer eine intellektuelle Angelegenheit verbinden – und dazu sind wir natürlich gerne bereit, denn dieses «Futter» schmeichelt unserem Ich, baut uns auf. Aber genau um diese Form des Lernens geht es nicht. Das Beispiel macht deutlich, dass Lernen hier vielmehr die Bereitschaft meint, tief in uns hineinzuschauen, uns in dem Spiegel zu erkennen, den wir im Einzelgespräch mit dem Lehrer vorgehalten bekommen.

Hilfestellungen bzw. Korrekturen können nicht nur die übende Person ärgerlich werden lassen, sondern auch denjenigen, der korrigiert. Es kostet ziemlich viel Kraft, Geduld und Mitgefühl, zum fünfundzwanzigsten Mal auf einen Fehler hinzuweisen, immer wieder den Eindruck zu bekommen, nicht wirklich gehört zu werden, und dabei gelassen, zuversichtlich und heiter zu bleiben.

Da ist es hilfreich zu wissen, dass wir für nötige Veränderungen oftmals noch nicht reif sind und darum Einwände einfach nicht hören, sprich umsetzen *können*. So beobachtete ich die fehlerhafte Haltung eines Teilnehmers, korrigierte ihn immer wieder, ohne dass bei ihm irgendeine Reaktion erkennbar gewesen wäre. Nach Wochen des Übens öffnete er mit meiner Hilfe beim Auszug des Bogens plötzlich seine beiden Arme. Seine tiefe Freude über die spürbare Öffnung seines Brustraums war begleitet von dem Vorwurf: «Warum hast du mir das nicht schon viel früher gesagt?» Jetzt war er in der Lage, sich selbst und auch meine Anweisung wirklich wahr- und anzunehmen.

Wenn das gedachte oder gesprochene «Ich bin dafür noch nicht reif!» nicht zu einer bequemen Entschuldigung wird, zu einem bloßen Vorwand, mich nicht wirklich anzustrengen, dann kann es hilfreich sein, weil es uns davor bewahrt, mit aller Gewalt etwas erzwingen zu wollen, wofür unsere Zeit noch nicht gekommen ist. Stille und daraus resultierende Klarheit vermögen uns bei dieser «Wahrheitssuche» zu unterstützen.

*Ich bin doch im Paradies*

Eine ganz andere Art der «täuschenden Gedanken» erlebte ich einmal während eines Bogen-Sesshins: Frau M., schon einige Jahre Übende, setzt ihre Pfeile gut verteilt auf die große Scheibe. Ich beobachte sie eine Weile, vor allem ihr Gesicht, und komme zu der Überzeugung, dass sie mit ihrer Konzentration nicht bei der Handlung, also nicht handlungsorientiert ist. Ihre Hand streift irgendwo an der Wange vorbei, ohne diese zu berühren, von Ankerpunkt keine Spur. Nach einem wieder nicht gerade toll gelungenen Schuss sage ich: «Wo warst du im Moment des Ablasses?» Sie schaut mich lächelnd an und antwortet: «Ich bin doch im Paradies!»

Mir verschlägt es die Sprache, denn darauf war ich nicht gefasst. Was soll ich jemandem sagen, der sich durch seine Übung ins Paradies geschossen hat? Ist das nicht wundervoll?

In einer späteren Lehrdarlegung, einem Teisho*, thematisierte ich diese Situation. Ohne Zweifel war die Erfahrung für Frau M. sehr schön, aber ... Ist das das Ziel unserer Übung? Wo ist das Paradies? Da fällt mir ein Liedtext von «Bau, Steine, Erde», der früheren Gewerkschaftsband, ein: «Das Paradies muss auf Erden sein, in den Himmel passt es nicht hinein!» Wo also ist das Paradies bei unserer Übung, unserer Lebensübung? Es liegt nicht in einem noch so schönen Traumland, sondern im ganz präzisen Ankommen an dem Punkt, in der Aktivität des Jetzt. Wenn alle Träume sowie alle Fixierungen wegfallen und nur noch der weite Raum dieses gegenwärtigen Augenblicks da ist, dann gibt es keine Begriffe von Paradies, aber auch keine Hölle mehr. Dann erfüllt sich der Zen-Text: «Keine Sünde kein Segen, kein Verlust und kein Gewinn, suche solche Dinge nicht inmitten des vollkommenen Friedens.»

Dieser Augenblick, prall gefüllt mit der Leerheit des Moments, ist wirklicher Frieden. Da ist kein Raum für Träumereien, Fantasien — stattdessen ein Frieden, der ohne «vernünftige» Gründe einfach da ist. «Ich bin doch im Paradies» … Wieder einmal wird mir bewusst, wie groß im spirituellen Bereich die Gefahr ist, in einem Zustand der Leere, des Träumens hängen zu bleiben und damit die Fülle des Augenblicks, aber auch den Kontakt zur Wirklichkeit und zu meiner Verantwortung für mein Tun zu verlieren.

Dazu fällt mir eine Szene aus dem Neuen Testament ein: Jesus geht mit seinen Jüngern auf einen Berg, und sein Gewand wird weiß wie Schnee. Er erlebt also, für seine Jünger sichtbar, eine Transformation seines Leibes, wird transparent. Für die Jünger ist das zunächst eine erschreckende, aber doch auch wundervolle Erfahrung, denn Petrus sagt: «Hier ist's gut sein, lasst uns Hütten bauen.» Jesus aber führt seine Jünger wieder herunter vom Berg, in den Alltag des Lebens, zu Mühsal und Pflichten.

Auch im Zen gibt es eine Anzahl Geschichten bzw. Koans, die den Übenden «auf den Boden der Realität» zurückholen:

Eines Tages kam ein Mönch zu Meister Yün-men und sagte: »Bitte Meister, zeigt mir einen Zugang zur Wahrheit!»
Yün-men erwiderte: «Suppe trinken, Reis essen.»

Ein Mönch fragte Shuzan: «Was ist Buddha?»
«Die neu vermählte Braut reitet auf einem Esel. Der Schwiegervater führt ihn am Zügel», sagte Shuzan.

Alle Beispiele haben eine Aussage: Verweile nicht auf dem Berg, verliere dich nicht in tiefen, schöngeistigen Gedanken. Begegne dem Leben – und du findest alles, was du suchst.

## Keine Festlegungen – Genügsamkeit befreit

*Ist Freude erlaubt?*

Immer wieder werden wir mit Situationen konfrontiert, die zu meistern wir große Schwierigkeiten haben. Meist handelt es sich dabei um Misserfolge, Niederlagen, verpasste Gelegenheiten, eigenes Versagen. Aber auch «positive» Erfahrungen sind nicht immer leicht zu verkraften.

Der Bogenweg lässt uns am eigenen Leib erleben, was uns sonst vor allem von den Stars aus Fußball, Film, Mode usw. bekannt ist: dass uns auch der Erfolg oft schlecht bekommt und wir lernen müssen, mit ihm umzugehen, wenn er seinen Teil dazu beitragen soll, dass wir unser Leben meistern.

Inzwischen ist uns klar, dass wir uns über danebengegangene Pfeile nicht ärgern wollen. Wie aber gehen wir mit dem Erfolg um? Eine Frau, die bereits ziemlich am Anfang ihrer Übung einen Pfeil genau auf den Punkt setzte, machte mit einem lauten Aufschrei einen Luftsprung vor Freude. Doch der Erfolg wiederholte sich nie wieder – und sie blieb weg. Ist Freude verboten? «Jein», sage ich und meine damit, dass wir uns natürlich über jedes gute Ergebnis freuen dürfen. Doch gleichzeitig weise ich auf die eigentliche Übung hin, die darin besteht, die beiden Pole Erfolg und Misserfolg, zwischen denen wir hin- und hergezerrt werden, zu überschreiten, uns in die große Gelassenheit einzuüben, die von Ergebnissen unberührt und frei von dem Ich ist, das unserer Verwandlung im Wege steht.

Diese Art von Freude ähnelt dem Glück, das wir angesichts einer blühenden Blume empfinden, die – völlig unabhängig von uns – einfach nur blüht, oder der tiefen, freudvollen Erfahrung einer gemeinsamen, ausdrucksstarken Rezitation, zu der auch wir unseren Beitrag geleistet haben und die doch nicht «unser» Werk ist. Welch Unterschied zwischen der «Luftsprung»-Freude des erfolgreichen Siegers und dem tiefen Glück der Erfahrung, die jenseits von «ich» und «mein» ist!

Dies zu erkennen und zu verinnerlichen ist nicht selbstverständlich, denn gewöhnlich sind wir mit unseren Vorstellungen von Erfolg und Misserfolg sehr auf die gängigen Muster festgelegt. Es bedarf eines gewissen Maßes an innerer Entwicklung, die uns hilft, tiefer zu schauen, um alle unsere Erfahrungen als Bestandteil eines Reifungsprozesses zu sehen.

Ein Beispiel, wie dies konkret aussehen kann, ist der Buddha. Auch er sah Unterschiede, war nicht «abgehoben». Doch er sprach nicht von «gut» oder «schlecht», sondern von «heilstauglich» und «heilsuntauglich». Das aber sind völlig andere Kategorien; und wir ahnen, dass ein «guter» Schuss für uns «heilsuntauglich» sein kann und ein «schlechter» Schuss uns mitunter dabei hilft, uns zu verwandeln.

*Jetzt kann ich's!*

Doch bis dahin ist es ein beschwerlicher Weg! Deshalb wollen wir uns zunächst einmal dem widmen, was wir im Allgemeinen unter Erfolg verstehen, und uns ansehen, wie wir darauf reagieren und wie wir als Bogenweg-

Übende mit Erfolg umzugehen lernen. Wenn wir uns beim Lesen damit beschäftigen, ist es recht einfach, die «Gesetzmäßigkeiten», die sichtbar werden, auf andere Lebensstationen zu übertragen. Wieder lade ich Sie ein zu verfolgen, was beim Bogenweg geschieht.

Eine besonders schwierige Situation entsteht, wenn schon der erste abgeschossene Pfeil genau den Punkt trifft. Ein möglicher Effekt des Treffers ist, dass in uns die Überzeugung geweckt wird: «Ich habe es verstanden! Ich kann es!» *Es zu können* wird zum Besitz, Können zum Gesetz! Das Ergebnis mit dem nächsten Pfeil ist in aller Regel enttäuschend bis verheerend. Oft wird die Scheibe nur gerade noch getroffen.

Zu dem «Jetzt kann ich's»-Effekt gibt es eine kleine Geschichte, die ich an dieser Stelle verkürzt wiedergeben möchte (sie stammt aus dem Buch *Heilbringer im Märchen*):

Die Mos-Frau hat ihr Fell, das sie von ihrer Mutter bekommen hat, verloren. Sie sucht unermüdlich, fragt bei Verwandten und Bekannten. Sie ist entschlossen, ihr Fell wiederzufinden – und «wenn ich dabei sterben müsste». Schließlich wird ihr angedeutet, dass ihr Fell in der Spitze eines Baumes – eines Baumheiligtums – hänge und sie es dort holen könne. Allerdings müsse sie aufpassen, denn am Fuße des Baumes lägen zwei große schwarze Hunde. Sie würden ihr nichts tun, solange sie zielstrebig zu ihrem Fell gehe. Sollte sie jedoch das Fell in Händen halten und auch nur einen Augenblick denken: «Jetzt habe ich mein Fell wieder!», würde sie von den Hunden aufgefressen. Allen Verführungen auf dem Weg dorthin zum Trotz geht die Mos-Frau entschlossen zum

Baum, findet in der Krone ihr Fell, nimmt es in die Hand – und denkt einen kleinen Augenblick mit Stolz: «Jetzt habe ich es!» Im selben Moment wird sie von den schwarzen Hunden aufgefressen.

Genau das ist unsere Situation: Ich kann es, ich habe es geschafft – und *muss* es wiederholen! Oder aber wir würden am liebsten keinen weiteren Pfeil abschießen, weil wir davon überzeugt sind, dass wir diesen Erfolg nicht wiederholen können. Völlig losgelöst von dem erfreulichen eigentlichen Erfolg ist das mentale Ergebnis des Treffers kein Ansporn, keine Ermutigung. Stattdessen bekommen wir Angst, stehen unter Erfolgsdruck, werden unfrei, fühlen uns wie gelähmt: «Das schaffst du nie mehr» wird zu einem Gesetz, auf das wir uns selbst festlegen.

Ein kleines Erlebnis aus eigener Erfahrung dazu: Nach mehrjährigem Üben allein war ich bei einem guten Bogentrainer zur Supervision. Während einer Übung schoss ich eine sehr gute Gruppe mit zwanzig Pfeilen. «Komm», sagte ich zum Trainer, «lass uns Schluss machen und Kaffee trinken gehen, so toll wie bei dieser Gruppe schieße ich heute nicht mehr!» Der Trainer schaute mich mit großen Augen an und meinte: «Warum nicht? Was du einmal konntest, kannst du auch wiederholen!»

Immer wieder laufen wir Gefahr, uns auf solche Raster festzulegen. Tatsächlich gibt es weder ein Gesetz, das den Erfolg zum Besitz macht, über den wir verfügen können, noch eine Bestimmung, die uns die Wiederholung des Erfolgs unmöglich macht. Das Einzige, was es gibt, ist ein neuer Pfeil und damit die Chance zum Neu-

*Dynamik und Leichtigkeit eines abgeschossenen Pfeils und fester Stand*
*bei voller Konzentration*

beginn, immer und immer wieder! Die Kunst, das Leben
zu meistern, ist die grundsätzliche Freiheit, die Farbe
unseres Lebensbildes neu zu mischen, den nächsten Ton
unserer Lebenskomposition neu zu setzen, das Glück des
folgenden Pfeils, den ich in die Hand nehme, um ihn zu
setzen – ohne Überheblichkeit, aber auch ohne Angst,
dafür mit Vertrauen und klarem Geist.

Glauben wir nicht den Stimmen, die uns festlegen
möchten. Sie gehören zum Alten, das wir hinter uns lassen wollen, weil wir spüren, wie sehr es uns festnagelt.
Der selbst auferlegte Erfolgszwang und die damit sicht-

bar gewordene Gier werden zur Last, das Negativraster wird zum Fluch, keine Spur von Freiheit. Die Freiheit wird uns dann geschenkt, wenn wir mutig und demütig den nächsten Pfeil, den das Leben uns reicht, in die Hand nehmen und unser Bestes geben, so gut wir eben können. Wenn wir dieses lebendige, sinnreiche Leben wollen, brauchen wir die Einübung in eine Tugend, die uns in unserer Gesellschaft fast verloren gegangen ist, uns aber manchmal in schmerzhaften Einschnitten, zum Beispiel bei Krankheit oder Arbeitslosigkeit, aufgezwungen wird: Genügsamkeit.

## Von der Genügsamkeit

In unserer Gesellschaft wird Genügsamkeit oft mit Einschränkung, dem Zurücknehmen angeblicher Bedürfnisse gleichgesetzt, die nicht zuletzt durch die Werbung suggeriert werden. Beschränkung entspricht nicht unseren Vorstellungen von Leben, denn Leben sei ständiges Wachstum, sagen die Politiker und die Wirtschaftsbosse. Mit Genügsamkeit wird nicht nur Mäßigung, ein Sich-etwas-Versagen, sondern oft auch Askese, ja sogar Armut assoziiert. Genügsam zu leben passt nicht mit der Vorstellung einer sowohl wirtschaftlich als auch sozial nach oben hin scheinbar unbegrenzten Menge zusammen.

Wird der Begriff jedoch wörtlich genommen, erkennt man in ihm das Wort «genug». Lösen wir uns jetzt von der Vorstellung einer bestimmten, nach oben hin unbegrenzten Menge, dann wird «genügend» nicht zu einem messbaren Gut. Zufriedenheit und Freiheit sind dann keine Frage von mehr oder weniger Wohlstand, sondern

Ausdruck einer geistigen Einstellung – eine Frage des Bewusstseins. Dann haben wir uns von unserer Gier befreit.

Mit dieser inneren Veränderung bekommen wir den Schlüssel zu Freiheit und Zufriedenheit in die Hand. So begeben wir uns mit unserer Übung auf den Weg des Friedens, denn der wirklich Weise erkennt, wann genug genug ist. Sehr ausdrucksvoll formuliert dies Epiktet (ca. 50–138 n. Chr.): «Die Freiheit gewinnst du nicht durch die Erfüllung deiner Wünsche, sondern durch deren Einschränkung.»

Nun könnte der Eindruck entstehen, als wäre Genügsamkeit mit Fatalismus gleichzusetzen, einer Einstellung, der alles egal ist, die nicht die Bereitschaft hat, Situationen zu verbessern, nicht die Kraft, Neues zu wagen, nicht die Kreativität zu schöpferischer Gestaltung. Das jedoch ist nicht gemeint, und es wäre ein großer Irrtum, würden wir zu einem solchen Schluss kommen. «Nimm den nächsten Pfeil und tu dein Bestes, so gut, wie du es eben kannst!» Das ist mit Genügsamkeit eigentlich gemeint.

Der Buddha hat mit seinem Leben ein gutes Beispiel für diese Haltung gegeben. Aus eigener Erfahrung weiß er, dass der Überfluss nicht wirklich glücklich macht, sondern gierig, dass aber auch die radikale Askese keine tiefe Befreiung bringt. Darum zeigt er uns den «mittleren Weg».

In seinem Buch *Vergessene Künste – Bilder vom alten Handwerk* schreibt John Seymour:

> Der wahre Handwerker braucht nicht mehr als genug. In unserer heutigen Zeit will jeder mehr als genug. Wir fragen nicht mehr «Was ist unser Produkt wert?» oder

«Wie viel brauche ich?», sondern «Wie viel kann ich bekommen?».

Ich kenne viele junge Leute, die sich in einem Handwerk versucht haben und es wieder aufgaben, obwohl sie genug verdienten, weil sie nicht mehr als genug verdienen konnten. Ein Planet, auf dem jeder versucht, mehr als genug zu bekommen, geht schlechten Zeiten entgegen. Und ich bin sicher, dass uns der Besitz von mehr als genug im Endeffekt nicht glücklicher macht. Man kann auch eindeutig zu viel von einer guten Sache besitzen. Damit ein Mensch wirklich glücklich ist, muss er eine Arbeit verrichten, die er gern tut, gerecht dafür bezahlt werden und Anerkennung für sein Werk finden.

## Umgang mit Mustern

### Gewohnheitsmuster

Unter «Muster» verstehen wir ein Denken und Handeln, das wir regelmäßig und fast automatisch ausüben, Ansichten, die wir wiederholen, ohne darüber zu reflektieren. Sie sind uns so vertraut geworden, wurden so von uns verinnerlicht, dass daraus eine Gewohnheit geworden ist. Deshalb sprechen wir auch von «Gewohnheitsmustern». Sie gehören so sehr zu uns, dass sie einen wesentlichen Teil unserer Persönlichkeit ausmachen.

Gewohnheitsmuster sind nicht – auch wenn es häufig so erscheinen mag – schon immer da gewesen. Oft ist es allerdings schwer, ihre Ursprünge zu entdecken. Sicher entspringen Teile davon unserer genetischen Veranlagung. Vieles haben wir uns als Kleinkinder unbewusst von den Modellen abgeschaut, die unsere Eltern, Großeltern oder sonstige nahe Bezugspersonen vorgelebt haben («Modell-Lernen»). Damit wird deutlich: Einen erheblichen Anteil im Prozess unserer Entfaltung und folglich am Entstehen von Mustern haben Erziehung und Prägung durch Eltern, Lehrer, Gesellschaft. So entwickelten sich markante Grundeinstellungen unseres Geistes bis hin zu unserem körperlichen Erscheinungsbild.

Da wir (noch) klein und abhängig waren, konnten wir uns diesen Einflüssen nicht entziehen – auch wenn sie vielleicht gegen unser Gefühl oder unseren Willen entstanden. Oft ist zu beobachten, dass Kinder aus einem Gefühl heraus, das zu erklären sie nicht in der Lage sind, kein Fleisch essen wollen, sich jedoch gegen die Übermacht dessen, was «man» tut, nicht wehren können und später dann gewohnheitsmäßig Fleisch essen.

Es lässt sich aber auch beobachten, dass einige Einstellungen, die mittlerweile zu unseren Grundmustern gehören, erst im Erwachsenenalter entstanden sind, häufig aufgrund eines einzigen, jedoch einschneidenden Erlebnisses, das eine nachhaltige Veränderung unseres Denkens und Handelns bewirkt hat. Deutlich wird dies bei der Bildung von Sympathien und Antipathien. Eine Person, die wir nicht kennen, betritt den Raum und ist uns auf Anhieb sympathisch oder unsympathisch. Der Verstand sagt uns, dass unser spontanes Gefühl mit dieser Person überhaupt nichts zu tun haben kann – und doch bestimmt es unser Verhalten ihr gegenüber.

Zusammenfassend lässt sich sagen: Unsere Persönlichkeit hat sich im Laufe unseres Lebens unter dem prägenden Einfluss von genetischem Erbgut, bestimmten Erfahrungen und Modellen, Gedanken und Informationen herausgebildet – und bildet sich stets weiter aus, denn der Prozess der Gewohnheitsbildung ist niemals völlig abgeschlossen. Das Ergebnis sind Konditionierungen, also Reaktionen in Form von Handlungen und Denkmustern, die durch spezifische Reize ausgelöst werden, ohne dass uns dies immer bewusst ist. Zum Teil sind uns die Ursachen dieser Muster bekannt. Doch überwiegend schlummern sie im Verborgenen.

In der Psychoanalyse wird (oft) unter großem Aufwand versucht, diese Ursachen herauszufinden. Man hofft, durch die Antwort auf die Frage «Warum reagiere ich so?» die belastende, krank machende Reaktion zu verändern bzw. zu steuern. Dies gelingt jedoch nicht immer. Manche Menschen scheuen sich nicht davor, durch Hypnose weit in die Vergangenheit zurückzugehen, bis hinein in die vorgeburtliche Zeit im Mutterleib oder gar in frühere Leben. Ich will mich nicht in die Diskussion über die Möglichkeiten oder Unmöglichkeiten detaillierter Erkenntnisse mit Hilfe solcher Rückführungen einmischen. Ich bin zwar nicht grundsätzlich skeptisch, neige aber eher zum pragmatischen Denken und habe mir angewöhnt, Versuche wie diese auf ihren praktischen Nutzen und ihre konkrete Hilfe im Leben hin zu überprüfen. Dabei habe ich drei Beobachtungen gemacht:

1. Es nützt nicht besonders viel zu wissen, was die Ursache meines Verhaltens ist. Die Aufgabe, es zu verändern, bleibt dieselbe und wird nicht unbedingt leichter – im Gegenteil.
2. Das «Wissen» um die eigene Vergangenheit – egal ob

die Ergebnisse gesichert sind oder nicht – wirkt oft lähmend, niederdrückend. So ist die Aussage, in einem früheren Leben misshandelt und getötet worden zu sein, sehr belastend und keineswegs hilfreich.

3. Die Möglichkeit, momentane Stimmungen oder das Verhalten allgemein aus der eigenen Geschichte heraus erklären zu können, wird gerne instrumentalisiert, um die schlechte Laune oder die eigene Unfähigkeit zur Veränderung zu entschuldigen.

Dabei soll nicht der Eindruck entstehen, Gewohnheitsmuster seien generell negativ zu bewerten. Dem ist überhaupt nicht so. Sehr viele, durchaus wichtige und richtige Handlungen verlaufen nach Mustern und tun uns gut, helfen uns, das Leben zu bewältigen. Vielfach sorgen sie für einen reibungslosen Ablauf unseres Tages, werden zu unserem Profil und können anderen helfen, sich auf uns einzustellen.

## Wer bin ich?

Unabhängig davon, ob wir diese Muster als angenehm oder unangenehm erleben, wird uns bewusst, dass wir die Person, die wir zu sein scheinen, unserem Wesen nach vielleicht gar nicht sind. So haben wir alle sicher schon die Erfahrung gemacht, etwas gesagt oder getan zu haben, das wir unserem tiefsten Wesen nach überhaupt nicht sagen oder tun wollten. Diese manchmal erschreckende Erkenntnis führt unweigerlich zu der zentralen Frage, die im Zen in einem der wichtigsten Koans gestellt wird: «Wer bin ich (tatsächlich)?»

Wer sich mit diesem Thema konfrontiert, ist in eine wichtige «Aufräumphase» eingetreten, die mit viel Unsicherheit verbunden ist. Was wir an uns und unserem Verhalten bisher als selbstverständlich und richtig betrachtet haben, wird nun hinterfragt: «Will ich das wirklich?» «Ist das tatsächlich meine Überzeugung?» «Was bringt mich dazu, entgegen meiner tiefsten Überzeugung zu handeln?» «Welche Mächte bestimmen mein Leben?» Diese Fragen zu stellen, nicht vor ihnen wegzulaufen, lässt uns unser wahres Wesen immer deutlicher erkennen. Dabei werden Eigenschaften zutage gefördert, von denen wir bislang nicht wussten, dass wir sie besitzen, die wir an uns bislang nicht kannten. Und wir nehmen innere Blockaden wahr, mit denen wir uns bisher selbst im Weg standen.

Doch die erste Frage, die jeder für sich selbst beantworten muss, lautet: Wollen wir die Mühen und Unannehmlichkeiten auf uns nehmen? Nach allem, was wir nun schon erkannt haben, wissen wir, dass es bei spiritueller Entwicklung um die Veränderung von Leid erzeugenden Gewohnheitsmustern geht, die unsere eigentliche Natur verdecken, und dass diese Übung zu tief greifender Veränderung führt. Mit dem Bogenweg, den wir als eine Übung der Achtsamkeit kennen gelernt haben, schaffen wir die Voraussetzung und Grundlage, um dieses wahre Wesen deutlicher zu sehen und aktiv an der Veränderung der Persönlichkeit arbeiten zu können. Der Bogenweg bezieht alle Bereiche unseres Lebens ein, rüttelt an vielen Gebäuden, in denen wir uns gewohnheitsmäßig gemütlich eingerichtet haben.

Um tatsächlich etwas verändern zu können, müssen wir es zunächst erkennen, müssen das Muster sehen, das bestimmte Körperhaltungen, Verhaltensweisen und Gefühle veranlasst. Ich möchte dies an ein paar Beispielen verdeutlichen:

Eine Frau mittleren Alters mit einem stark gekrümmten Rücken kommt regelmäßig zum Schießen. Wegen ihres Rückens kann sie sich nicht wirklich öffnen, das heißt, sie hat einen kurzen Auszug, schießt mit ganz kurzen Pfeilen. Sie erzählt, dass die Rückenproblematik schon mit zwölf Jahren begonnen habe. Der damaligen gesellschaftlichen Norm zufolge bekam sie sehr früh einen Busen. Sie spürte die soziale Ablehnung und reagierte auf diesen Druck, indem sie die Brust einzog, wodurch ihr Rücken schon in jungen Jahren krumm wurde. «Mädle, lauf grad!», rief ihr die Nachbarin hinterher, wenn sie mit dem Schulranzen auf dem Rücken zur Schule ging. Aber der andere Druck war stärker, und sie ging weiterhin gekrümmt. Die Lebenserfahrungen verstärkten diese – innere wie äußere – Haltung. Sie hatte gelernt, sich alles auf den Rücken zu laden, und daraus wurde ein handfestes körperliches Gewohnheitsmuster.

Eines Tages beobachtete ich ihre Übung und stellte erstaunt fest, dass ihre Pfeile völlig unkontrolliert flogen. Was war der Grund? Ihre Pfeile waren für sie zu kurz geworden, das heißt, in ihrem Rücken hatte sich etwas verändert, ihr Brustraum hatte sich ein wenig öffnen können. Sie bekam mehr Luft und Lust zum Atmen und Leben. Wir standen beide mit Tränen in den Augen da, denn wir wussten, dass die Jahre des unentwegten Übens etwas sehr Altes, Verhärtetes aufgeweicht hatten. «Du brauchst neue Pfeile», meinte ich, und weinend sagte sie: «Das ist eine meiner liebsten und wichtigsten Anschaffungen der letzten Jahre!»

In einem anderen Fall bemerkte ich, dass eine Frau, immer wenn sie mit dem Auszug des Bogens begann, den Bogenarm nicht gerade hielt, sondern krümmte. «Wenn es Widerstand gibt, gibst du nach», kommentierte ich und machte damit den Versuch, ihr einerseits rein bogentechnisch zu helfen und ihr gleichzeitig eine Brücke zu bauen zu weiterführenden Erkenntnissen. «Das tue ich immer so … schon mein ganzes Leben lang», sagte sie leise – und auch hier flossen Tränen des Erkennens und der Erleichterung. Da hatten wir das Gewohnheitsmuster, das ihr zum unumstößlichen Gesetz geworden war.

«Wenn du willst», bot ich ihr an, «werde ich dir helfen, dieses Muster heute zu durchbrechen und die Erfahrung zu machen, dass du Kraft zum Widerstand hast, wo Widerstand angesagt ist.» Und so übten wir «Widerstand». Ihre wichtigste Aufgabe war es, mit ihrem ganzen Bewusstsein zum Bogenarm zu gehen und bewusst darauf zu achten, dass er nicht nachgab. Ich unterstützte dieses Bemühen, indem ich anfangs meinen Unterarm als Schiene unter ihr Armgelenk legte. Nach und nach konnte das unterbleiben, und es reichte ihre volle Aufmerksamkeit, um den Arm gerade zu halten. Natürlich wurden in dieser Phase andere Übungsabläufe vernachlässigt – so lange, bis sie ihre neue, jetzt gewollte Form gefunden hatte. Wir übten weiter, bis der gesamte Ablauf stimmig war. Fortan konnte sie nicht mehr sagen: «Das tue ich immer so …» Es gab einen Tag, der ihr zeigte, dass in ihr die Kraft steckte, sich zu widersetzen. Und auf dieser Erfahrung konnte sie aufbauen.

Wenn wir in unserer Übungspraxis geduldig sind, wächst in uns das Gefühl für unsere eigene Kraft, unseren Wert und damit für unsere Möglichkeiten. Allerdings sind die Muster unserer Irrungen, Verwirrungen, Fehleinschätzungen und Verurteilungen nicht immer so leicht zu durchschauen. Dies gilt insbesondere für jene, die nach außen kaum sichtbar werden. Es bedarf des ehrlichen und intensiven Hinschauens – bei dem die strikte Einhaltung unserer Schweigeregel unerlässlich ist –, um die Pfütze zu sehen, die mir immer wieder im Weg ist und in die ich so oft hineintrete. Und man braucht viel Mut, sich anzunehmen, wenn das «Werk» nicht so gelingt, wie man es erwartet hat. Allzu oft lässt uns die Stimme erstarren, die tief aus unserem Innern, aber unüberhörbar sagt: «Du kannst nichts!» Unsere Enttäuschung hat so viele Gesichter wie Ursachen. Sie äußert sich in Energielosigkeit, Stolz, Eifersucht, Schuldzuweisungen, Depression, Angst, Kritik, Neid …

*Licht und Schatten*

Nicht selten werden wir von dem Gefühl ergriffen, hilflos einem Schicksal ausgeliefert zu sein. Wie oft haben wir schon versucht, gegen diese Gefühle der Ohnmacht, gegen die damit verbundenen Reaktionen, gegen diese Macht, die uns wie ein Schatten verfolgt, anzukämpfen. Erfolglos! Gustav Meyrink sagt dazu:

> Hätte ich mich doch nie verleiten lassen zu glauben, dass irgendeine Macht außer mir selbst mein Schicksal zu gestalten vermag. Ich dachte, weil ich es durch Taten nicht zu ändern vermochte, dass ich ihm wehrlos gegenüberstünde. Wie oft ist es mir nicht durch den Sinn gefahren, dass Herr über seine Gedanken zu sein auch bedeuten

müsse, der allmächtige Lenker seines Schicksals zu sein! Aber ich habe es jedes Mal verworfen, weil die Folgen solcher halben Versuche nicht sofort eintraten. Ich unterschätzte die magische Gewalt der Gedanken und verfiel immer wieder in den Erbfehler der Menschheit, die Tat für einen Riesen zu halten und den Gedanken für ein Hirngespinst. – Nur wer das Licht bewegen lernt, kann den Schatten gebieten und mit ihnen: dem Schicksal ...

Was es bedeutet, das Licht, also die Licht spendende Lampe, zu bewegen, statt gegen die Schatten anzukämpfen, wurde an Beispielen verdeutlicht und soll nun vertieft werden.

Unsere bisherige Übungspraxis hat uns geholfen, unser Problemfeld deutlich zu sehen. Wir erkennen, dass die in uns aufsteigenden Gefühle nicht neu, sondern irgendwie vertraut sind. Vielleicht begreifen wir sie jetzt zum ersten Mal in dieser erschreckenden, erleuchtenden und ernüchternden Klarheit. Dann haben wir einen großen Schritt getan, denn ohne bewusstes Erkennen gibt es kein Annehmen.

Erkennen beinhaltet also beides: ein erschreckendes *und* ein befreiendes Element. Das Befreiende wird klar, wenn wir «erkennen/annehmen» ersetzen durch «einverstanden sein»: «Du, Wut, du Angst, du ... bist ein Teil von mir – und dass das so ist, damit bin ich einverstanden. Ich höre auf, dagegen anzukämpfen.» Auf diese Weise betrachten wir unsere «Mängel» aus größerer Distanz. Wir durchschneiden ihre Fesseln, indem wir unseren nächsten Pfeil zur Hand nehmen und mit jeder neuen Übung – über Erfolg oder Misserfolg – lernen, unserer inneren Kraft zu vertrauen, lernen, alle Dunkelheiten zu durchschreiten, um uns an dem Licht zu orientieren, das in uns leuchtet und das uns sehen lässt, dass wir ganz heil und glücklich sein dürfen. Durch die ständige Wiederholung dieses Prozesses lernen wir allmählich, besser mit unseren Gewohnheitsmustern umzugehen und ihnen somit immer weniger ausgeliefert zu sein. Indem wir diesen Mustern beständig «auf den Fersen» bleiben, erfahren wir «Pfeil für Pfeil», dass auch sie – egal, als wie mächtig wir sie erleben mögen und wie gesetzmäßig sie zu sein scheinen – nicht wirklich existent sind, sondern eben nur Schatten und darum verwandelbar, in sich bereits verwandelt, sobald wir lernen, sie anzunehmen.


## Lotosblüte und Lotosblätter

Einverstanden sein, Integration, ist der wichtigste Schritt zur Veränderung und somit der Nährboden für Lebenskraft und Schönheit. Dies soll ein Koan zeigen, das ich jedoch nur in unserem Zusammenhang deute; andere Aspekte lasse ich bewusst unberücksichtigt. Es ist das 21. Beispiel aus dem *Bi yän Lu*, der *Niederschrift von der smaragdenen Felswand*, und trägt den Titel «Dschi-mens Lotosblüte und Lotosblätter».

> Ein Mönch fragte Dschi-men: «Was ist die Lotosblüte, solange sie noch nicht aus dem Wasser herausgewachsen ist?»
> Dschi-men sagte: «Lotosblüte.»
> Der Mönch fragte: «Was aber nachher, wenn sie aus dem Wasser heraus ist?»
> Dschi-men sagte: «Lotosblätter.»

Zum Verständnis dieses Koan ist es wichtig zu wissen, dass die Lotosblume seit ältester Zeit als Blume der Götter verehrt wird. Der Buddha zitiert sie oft in seinen Gleichnissen. Was die Menschen an dieser Blume so fasziniert hat und bis heute fasziniert, ist die Tatsache, dass sie sich aus dem Schlamm und Schlick des Teiches ernährt, wächst, in makelloser Reinheit erstrahlt und damit allen Schmutz und Schlamm transzendiert. Sie ist Symbol für das Buddha-Wesen im Menschen. Deshalb werden der Buddha und Bodhisattvas* häufig auf einem Lotos sitzend dargestellt.

Vor diesem Hintergrund verstehen wir auch die Frage des Mönchs. Er fragt nach dem Höchsten, was es seinem Verständnis nach für den Menschen gibt, nämlich nach seiner Buddhaschaft. Sein Leben, seine Geschichte betrachtend, kommen ihm Zweifel. Da kann er nichts sehen von einer Blüte, von Buddhaschaft also, sondern er sieht den Bodenschlamm, einen schwarz-braunen Brei, weit entfernt von Klarheit und Schönheit. Seine Frage ist nicht philosophischer Natur, sondern existenziell: Wie steht es mit meiner Berufung für das Leben, angesichts der dunklen Flecken in meiner Lebensbiografie? Wie steht es mit meiner Erfahrung von Leid, an dem ich aktiv handelnd beteiligt war, und wie sieht es mit Situationen aus, denen ich scheinbar passiv ausgeliefert war und bin? So wie er im Moment nur die dunkle Masse unter der Wasseroberfläche sieht, so spürt er in sich einen Sog, der ihn herunterzieht, in seine Dunkelheiten schauen lässt. Und der Meister? Er erklärt nicht, beschönigt nicht, vielmehr schneidet er die Frage ab und sagt: «Lotosblüte.»

Lass dich von dem, was du augenblicklich siehst, nicht herunterziehen, löse dich von dem, was dich niederdrückt, und erkenne, dass der Lotos aus dem Schlamm wächst, ja den Schlamm *braucht*, um sich in voller Schönheit zu entfalten. In einer erweiterten Schau gibt es keinen Unterschied zwischen Oben und Unten, zwischen Blüte, Blatt und Stiel. Der Mönch ist auf seine Denkweise fixiert, ist in der scheinbaren, sich ausschließenden Gegensätzlichkeit befangen. Der Erleuchtete sieht die Dinge in ihrem wahren Wesen, frei von allen Begrenzungen. Er weiß: Die schwierigen Bedingungen meines Lebens, die harten Umstände, all die Dunkelheiten sind keine Hindernisse auf dem Weg zum Licht, zu Freiheit und Blüte, sie sind auch keine Hilfsmittel, um dorthin zu gelangen, sie sind der Weg selbst. Schlamm, Stiel unter dem Wasser, Blüte über dem Wasser – alles ist Buddha-Natur. Die Aufgabe des Meisters ist es, den Fragenden bei seinem Bemühen um diese Erfahrung begleitend zu stützen.

Kehren wir vor diesem Hintergrund zu den «Niederungen» unserer Überlegungen zurück, dann verlieren die uns oft lähmenden/bedrückenden Gewohnheitsmuster ihre niederschmetternde Wucht, und wir dürfen sie im Licht unserer gesamten inneren Entwicklung sehen. Ist es nicht so, dass wir, so wie der Lotos den Schlamm braucht, die schmerzhaften Erfahrungen in unserem Leben brauchen, um innerlich zu wachsen, dorthin zu kommen, wo das große kosmische Gesetz uns haben möchte? Es sind ja nicht die sonnigen Seiten unseres Lebens, die uns nach Tiefe fragen lassen, sondern das Zerbrechen unseres Bogens – mit leeren Händen dazustehen hilft uns zu wachsen.

Nun wäre es einseitig, würden wir den Übungsweg des Zen und damit den Bogenweg auf die Veränderung von Gewohnheitsmustern im üblichen und für uns leicht erkennbaren Sinn beschränken. Zen verändert uns in der Tiefe, auch in den uns oft *nicht* erkennbaren Mustern. Manchmal geschehen diese Veränderungen in starken, emotionalen Stürmen, bei denen unsere Gefühle wie heftige Wellen aufbranden. Da befürchten wir, überflutet, mitgerissen zu werden, als wäre der Deich des Ozeans gebrochen.

Bei einer anderen persönlichen Konditionierung geschehen die Veränderungen fast unbemerkt und allmählich – und nicht selten sind es unsere Mitmenschen, die uns darauf aufmerksam machen, indem sie fragen: Was ist mit dir passiert? Du hast dich so verändert? Das ist dann sehr überraschend für uns, weil wir selbst den Eindruck hatten, unsere Übung würde nichts bewegen.

Welche Erschütterungen auch in uns ausgelöst werden, wir brauchen uns nicht zu fürchten, sondern dürfen darauf vertrauen, dass wenn die heftigen Gewitterstürme vorbei sind, das Wasser dorthin zurückfließt, wo es hingehört, und wir selbst von diesen mächtigen Strömen des Ozeans erfasst sind – oder um es mit dem Bild der Lotosblume auszudrücken: Wir dürfen Schlamm und Stiel und Blüte überschreiten, dürfen durch alle Unterscheidungen hindurchgehen und finden uns in dem weiten Raum von «nichts von heilig und nichts von unheilig».

Wenn wir uns von diesen Gedanken berühren und leiten lassen, darf etwas in uns keimen, das wir als die Früchte von Spiritualität bezeichnen können: Heiterkeit, Demut, Mitgefühl, Ehrfurcht, Dankbarkeit, Vertrauen.

# «Es» schießt!?

## Das «Es» bei Herrigel

Der Höhepunkt in Eugen Herrigels Beschreibung seiner Erfahrung ist sicherlich die Szene, in welcher der Lehrer sagt: «Es ist da! Verneigen Sie sich!» Dieses «Es» wird vom Meister immer wieder erwähnt, und da es Anlass zu allerlei Spekulationen und Missverständnissen gibt, wollen wir uns näher damit beschäftigen. Interessant ist in diesem Zusammenhang eine Kurzfassung, die Johannes Ibel vom deutschen Kyudoverband von einer Stellungnahme Professor Yamadas, ebenfalls eines Kyudokas, zu Herrigels Buch gibt. Er kommt zu folgenden Ergebnissen:

- Herrigel hat seinen Meister über- und falsch interpretiert.
- Herrigel selbst hatte keine Zen-Praxis, sondern nur über Zen gelesen.
- Alle Gespräche gingen über einen Übersetzer, der seine Übersetzung dem westlichen Verständnis anpasste.
- Bei der eindrucksvollen Nachtszene war kein Übersetzer dabei, und Herrigels Beschreibung entspricht seiner gefühlsmäßigen «Übersetzung».

Ich kann und will dem nicht widersprechen, auch kann ich die Behauptungen nicht überprüfen. Aber selbst wenn sie stimmen sollten, mindern die Argumente bestimmt nicht die Begeisterung, die von diesem Werk ausgeht und unendlich vielen suchenden Menschen – auch mir – einen faszinierenden Übungsweg gezeigt hat und noch zeigen wird. Es ist nicht meine Aufgabe, Eugen Herrigel zu verteidigen, und mein Dank bleibt lebendig, das Denkmal, das in meinem Herzen entstand, ist auch durch Kritik nicht zu zerstören. Trotzdem muss uns um der Sache willen das Thema beschäftigen, weil es an einen zentralen Nerv des Zen rührt.

Natürlich wäre es leicht zu sagen, die Verwendung des Begriffes «Es» sei ein klarer Beweis dafür, dass der Autor – wie behauptet – keine eigene Zen-Praxis habe, dass es sich um eine Überinterpretation oder um einen Übersetzungsfehler handele. Es ist aber auch vorstellbar, dass Eugen Herrigel den Begriff «Es» verwendet hat, um bewusst alle Begrifflichkeiten zu durchschneiden, wohl wissend, dass damit die Tür für Missverständnisse und Fehlinterpretationen neu geöffnet wird, was immer geschieht, sobald wir beginnen, darüber zu sprechen. Darum heißt es bei Mumon: «Du bist wie ein Stummer, der einen Traum gehabt hat, nur der Träumende kennt ihn.»

## «Es» wird etwas

Obwohl das Reden darüber fast unmöglich ist, wollen wir das «Es» noch einmal betrachten, um unser eigenes Verständnis zu vertiefen. «ES ist das innerste Wesen des Zen», sagt Zenkei Shibayama. Dieses Zitat wäre den Ausführungen Eugen Herrigels nahtlos hinzuzufügen. Auch wenn diese Formulierungen richtig sind, zeigen sie gleichzeitig die Gefahr, die alle Aussagen in sich bergen.

Denn: Wenn es ein «innerstes Wesen» gibt, muss es auch ein äußeres geben. Damit sind wir in einem dualistischen Denksystem. «Es» ist dann nicht nur ein Begriff, sondern wird zur Sache. ««Es» wird etwas» ist eine hilflose Umschreibung für ein im Grunde unbeschreibliches, unaussprechliches Phänomen und entspricht damit nicht der Zen-Erfahrung.

Doch sollen wir deshalb schweigen? Auch ich begebe mich auf das glatte Eis der Fehlinterpretationen – aber es gibt keine Möglichkeit, dies zu vermeiden. Mit aller Zurückhaltung möchte ich versuchen, meine Erfahrung zu beschreiben.

Auch das ES ist völlig leer, hat keine eigene Substanz, kann nicht erwartet und nicht erreicht werden, «weil es nichts zu erreichen gibt» *(Sutra vom Herzen der vollkommenen Weisheit)*. Alle Vorstellungen sind Illusionen, Produkte unseres Geistes, Konstruktionen eines Ich, das sich an irgendetwas festklammern möchte. Wenn nicht Gott, dann ES. Das Nichts schlüpft in eine neue Haut und wird zum Etwas, wird materialisiert. Doch auch dieses ist loszulassen.

Was bleibt übrig von «Es schießt!»? Fällt das «Es» weg, bleibt eben nur «schießt», «zieht», «ankert», «atmet» usw. Da bleibt nichts als das reine Sein des Augenblicks, da ist kein Bogen, kein Pfeil, kein Schütze und kein Ziel mehr. «Wenn der Bogen zerbrochen ist und du keine Pfeile hast, dann schieß – schieß mit deinem ganzen Sein!» Dieses Sein ist die Sicht der Wirklichkeit, die das Absolute im Konkreten erfährt, ohne daraus ein Etwas, ein ES zu machen.

Da ist weder Verstehen noch Nicht-Verstehen, kein Konzept, aber auch kein Nicht-Konzept. Ausschließlich sein! Das ist Zen! Robert Aitken formuliert es, wunderschön und treffend, so: «Kein Prinzip – kein Ziel. Kein Zentrum – konzentrier dich drauf!»

Während ich dies schreibe, bewegt mich die Frage, warum wir so oft der Versuchung erliegen, auch aus dem «Es», dem Nichts noch etwas machen zu wollen, über das wir verfügen oder an das wir uns klammern können. Spiegelt dieses Verhalten unseren Geist, der nicht eigenständig, selbständig werden möchte? Zeigt sich darin das kleine Kind, das die Hand des Übervaters nicht loslassen will? Manchmal brauchen wir ziemlich lange, bis wir endlich erwachsen sind und den Mut aufbringen, Verantwortung für uns selbst zu übernehmen – ohne Angst, ins Nichts zu stürzen, im Vertrauen darauf, getragen zu werden.

# 8

# DIE ÜBUNG RUNDET SICH

## Die Würde ist unantastbar

Nachdem sich die Gruppe vor der Scheibe, die sie soeben beschossen hat, verbeugt und die Pfeile entfernt hat, geht sie nebeneinander in einer Reihe zurück und wird von den Nachfolgern am Eingang des Wolkentors begrüßt. Beide Gruppen verbeugen sich voreinander. Manchmal muss ein Bogen an einen Wartenden überreicht werden. Auch dies geschieht in großer Achtsamkeit: Dem Empfangenden wird der Bogen so in die Hand gegeben, dass der folgende Übungsverlauf ohne Verzögerung beginnen kann.

Dieses Ankommen und Verbeugen – gemeinsam mit der wartenden Gruppe – ist eine kleine, fast unwichtig erscheinende Geste, die jedoch einige sehr wesentliche Aspekte vermittelt: Im gesamten Verlauf unserer Übung ist es die einzige Gelegenheit, bei der Gruppen bzw. Übende sich voreinander verbeugen. Bisher haben nur Verbeugungen einmal vor dem Lehrer, dann zweimal vor der Scheibe stattgefunden, jetzt voreinander. Das ist eine neue und schöne Übung, denn mit dieser Verbeugung überschreiten wir das Denken in Sympathien oder Antipathien. Wir verbeugen uns vor der Würde des Gegenübers, vor seinem Wesen, und lernen eine Wertschätzung, die von unseren persönlichen Gefühlen und Empfindungen völlig unabhängig ist. Wir bekommen die Chance, Vergangenes und Zukünftiges zu überschreiten, uns frei zu machen von den Vorurteilen, die wir aus unserem Gestern mitgebracht haben. Denn *mit* ihnen können wir uns dem Augenblick nicht öffnen und verbauen uns das Morgen. Wir üben in diesem Moment, dem anderen völlig offen, wertfrei zu begegnen. Ich möchte dies an zwei Beispielen verdeutlichen.

Ein älteres Ehepaar kommt zu einem Anfängerkurs. Schon bei der Vorstellungsrunde ist zu spüren, dass sie nicht besonders harmonisch miteinander umgehen. Eine beinahe unerträgliche Spannung entsteht jedoch, als der Mann sich vor seiner Frau verbeugen soll und umgekehrt. Es ist ihnen nicht möglich, einander in Würde zu begegnen, und so bleibt nur die vorzeitige Abreise. Schade – eine Chance zum Neubeginn war vertan. «Die Würde des Menschen ist unantastbar», heißt es in unserem Grundgesetz. Gilt dies nicht auch für Partnerschaften, Beziehungen, Familien? Ich habe den Eindruck, dass mit einem respekt- und würdelosen Umgang jeder Beziehung die wichtigste Grundlage entzogen wird. Wenn wir nach Regeln fragen für den Umgang miteinander in Partnerschaften, der Beziehung zwischen Eltern und Kindern, aber auch zwischen Kindern und Eltern, Lehrer und Schüler, Arzt und Patient, dann ist die Würde die bedeutsamste Orientierungshilfe. Müssen bei Paartherapien die elementarsten Regeln für den Umgang miteinander neu erlernt werden, so ist es hilfreich, sich am Prinzip Würde auszurichten.

Diese Regeln gelten auch für jene Sozialbindungen, in denen die Mehrzahl der Menschen einen großen und intensiv gelebten Teil ihrer Zeit verbringt: das berufliche soziale Umfeld. Was ein Umgang in Würde dort verändern kann, erlebe ich, als sich eine Firma entschließt, ihren Betriebsausflug zu uns zu machen und einen Tag gemeinsam den Bogenweg zu gehen. Wie es der Zufall will, haben Sekretärin und Chef sich voreinander zu verneigen. Es kommt zu einer Begegnung jenseits der sonst üblichen Rollen und Klischees, jenseits von geprägten Meinungen und Urteilen. Ein späteres Nachfragen in der Firma ergibt, dass von dieser Erfahrung eine wichtige Veränderung ausging: Der Chef blieb zwar der Chef, die Sekretärin blieb die Sekretärin – aber der Umgang miteinander ist nun von Würde und Achtung vor der Persönlichkeit des anderen und seiner Aufgabe gekennzeichnet.

## Jedes Phänomen hat seinen Wert

Im *Sandokai*, einem für die Soto-Schule des Zen wichtigen Text, den wir während eines Sesshin täglich sowohl auf Japanisch als auch in der deutschen Übersetzung rezitieren, heißt es: «... jedes Phänomen hat seinen Wert. Ihr solltet darauf achten, wie die Wahrheit zum Ausdruck gelangt.» Unsere Wertschätzung endet nicht bei Menschen oder Tieren, bei den Phänomenen der Natur, etwa dem Wunderwerk eines Ameisenhaufens, sondern bezieht *alles* ein. Auch der Computer, mit dessen Hilfe ich gerade dieses Manuskript schreibe, hat seinen Wert. Dieser Wert berechnet sich nicht in Euro. Vielmehr geht es um etwas, das völlig unabhängig ist von dem, was ich an einer Kasse zu bezahlen habe. Wenn ich vor dem PC sitze und schreibe, denke ich voller Wertschätzung und Respekt an all die Menschen, die mit großem Fleiß und enormem Erfindungsgeist über Generationen hinweg dazu beigetragen haben, dass diese Technik heute von mir (einigermaßen mühelos) bedient werden kann.

Wenn unsere Geisteshaltung von dieser Achtung geprägt ist, erhält «jedes Phänomen seinen Wert». Wichtige und unwichtige Gedanken, komplizierte und ganz einfache technische Systeme und Produkte – alle haben ihren Wert, verdienen unsere Wertschätzung ebenso wie das Brot auf unserem Tisch oder der Grüntee in unserer Tasse. Dies mit wachen Augen zu sehen und – allen Oberflächlichkeiten zum Trotz – im alltäglichen Einerlei zu leben bedeutet, uns auf die Spur des *Sandokai* zu begeben und zu lernen, «darauf zu achten, wie die Wahrheit zum Ausdruck gelangt». Die Wahrheit eines tiefen Verbundenseins mit allem sowie die Erfahrung, dass auch die kleinste Form von Achtsamkeit dem ganzen Kosmos gilt und mein Herz mit Freude und Dankbarkeit erfüllt. Die Kunst, das Leben zu meistern, heißt, allem und jedem mit einem tiefen Gefühl der Wertschätzung zu begegnen. Eine derart gravierende Veränderung unserer Lebenseinstellung erfolgt niemals von heute auf morgen; sie bedarf der Beharrlichkeit und der Geduld mit sich selbst. Doch manchmal kann sie mit ganz kleinen und unscheinbaren Gesten wie einer Verbeugung beginnen …

So hat der Lernprozess immer zwei Dimensionen, die in Wahrheit jedoch nicht getrennt sind, sondern zusammengehören: Da ist die kleine Veränderung, die in mir geschieht. Mit diesem minimalen Wandel schaffen wir eine neue Basis, auf der wir den nächsten Schritt tun können. Wir kehren niemals in unsere alte Situation zurück, denn, wie Heraklit sagt, «man kann nicht zweimal in denselben Fluss steigen». Wenn wir nun lernen, kontinuierlich an uns zu arbeiten, schaffen wir mit jedem Schritt neue Grundlagen zur weiteren Entwicklung. Damit wird bestätigt, was Goethe so ausdrückt: «Was der Mensch häufig bedenkt und sinnt, dahin geneigt wird das Herz.» Es gibt also keine deterministische Festlegung, kein unveränderliches Karma. Kleine Veränderungen in unserem Denken und unserem Handeln, kleine veränderte Einstellungen zu unbedeutend erscheinenden Gesten können zur Wandlung unseres Gesamtbildes, des Kunstwerks Leben beitragen. Selbst das kleinste modifizierte Detail wirkt sich aufs große Ganze aus. Nichts geschieht isoliert. Wenn unser Herz z. B. zu Güte oder Klarheit «geneigt» wird, wandelt sich unsere gesamte Haltung gegenüber unserem Körper und unserem Leben und darüber hinaus, denn mit der Veränderung unserer Sinneswahrnehmung gelangen wir letztlich zu einer neuen Weltsicht.

### Schöpfung geschieht immer

Unsere Entwicklung hat aber noch eine weitere Dimension. Die Physik lehrt uns, dass der Kosmos nicht deterministisch festgelegt, kein mechanisches Uhrwerk ist, sondern sich aufgrund von Impulsen fortlaufend wandelt. Nach diesen Erkenntnissen bewirken kleine und kleinste Anstöße erhebliche Auswirkungen. E. N. Lorenz, ein amerikanischer Meteorologe, kommt zu dem Schluss, «dass der Schlag eines Schmetterlingsflügels in Peking nach einigen Tagen das Wetter an der Westküste der USA verändern kann», wie bei Fritz Schäfer nachzulesen ist. Auch wenn dies ein Bild ist, sagt es doch aus, dass jede kleine Veränderung in uns nicht nur unsere Weltsicht erneuert, sondern Auswirkungen auf den gesamten Kosmos hat. Schöpfung geschieht immer – auch hier und jetzt.

Für Zen ist diese Erkenntnis nicht neu, sie bestätigt die Zen-Erfahrung. Danach ist Einheit nicht die Summe aller Teile, vielmehr ist jedes Teil das Ganze. «Die Welle ist das Meer», sagt Willigis Jäger. Hier zeigt sich die kosmische Bedeutung unserer Übung.

## Den Stab weitergeben

### Hinterlassenschaften

Mit der Verbeugung voreinander wird eine Übungsfolge abgeschlossen und der Stab symbolisch an die nächste Gruppe übergeben. Wir legen Wert auf einen geordneten und harmonischen «Stafettenwechsel».

Es gibt in jedem Alltag – nicht nur dem des Zen-Lehrers und des Zen-Schülers – eine Vielzahl von Situationen, in denen es darum geht, einen klaren, eindeutigen Abschluss hinzubekommen, um damit nicht nur einem selbst, sondern auch anderen den nächsten Schritt zu erleichtern. Schon Kleinigkeiten vermögen dies anschaulich werden zu lassen: So ist es beispielsweise Ausdruck von innerer Harmonie und Klarheit, wie ich meine Schuhe vor dem Dojo aufstelle. Wurden sie gedankenlos «hingefeuert», stehen sie hinderlich im Weg oder dort, wo sie hingehören? Bleibt mein Stuhl einfach da stehen, wo ich ihn gerade benutzt habe, oder bringe ich ihn ordnungsgemäß wieder an seinen Platz zurück? Wie hinterlasse ich meine Werkbank, meinen Schreibtisch, die Küche, in der ich gekocht habe? Wie geordnet übergebe

*«Stafettenwechsel»*

ich meine Akten? Mit welcher Achtsamkeit decke ich den Tisch für die, die zum Essen kommen? Wenn Sie Lust und Zeit haben, halten Sie ein wenig inne, und überlegen Sie sich Momente, in denen Sie etwas hinterlassen, an dem Sie selbst oder andere weitermachen müssen, und betrachten Sie, wie Ihre «Hinterlassenschaft» aussieht.

Haben wir solche alltäglichen Momente und Situationen gefunden, ist es an der Zeit, uns zu fragen, welches Erbe wir unseren Nachkommen hinterlassen. Damit ist nicht die Höhe unseres Vermögens, sondern die Ordnung oder eben das Chaos gemeint, das übergeben wird. Was schleppen wir an Unerledigtem und Unversöhntem mit uns herum – bis zu unserem Tod? Und was bleibt an Unversöhntem über den Tod hinaus zurück? Was geben wir an die nachfolgende Generation weiter, und was hinterlassen wir? Ein Vermögen in Form von Immobilien, gut gefüllten Bankkonten, schnelle Autos, Fernseher und sonstige tolle elektronische Geräte – aber auch gigantische Mengen an Mülldeponien, Unmengen an zwischengelagertem Atommüll, Atomkraftwerke, die kaum abzubauen sind, Atomwaffen, mit denen das Leben auf der Erde zigmal zerstört werden könnte … Welche Ängste geben wir weiter? Wie viel Misstrauen und Hass? Ist diese Bilanz nicht beschämend?

Fast alle gesellschaftlichen Gruppen haben eine Lobby. Man stelle sich vor, jeder empfände sich als Zukunftslobbyist und lebte von ganzem Herzen für das Ziel, den nachfolgenden Generationen weltweit ein lebensbejahendes, tragfähiges Erbe zu hinterlassen! Im 2. Buch Mose, 13,14, heißt es: «Wenn dich nun dein Kind fragen wird …» Ja, was antworten wir, wenn unsere Kinder und Enkel uns fragen, was wir da an sie weitergegeben haben? Wir können uns nicht herausreden mit: «Wir haben es nicht gewusst!» Zur Kunst des Lebens gehört, unsere persönliche Gier zu durchschauen, die unsere Ohren taub, unsere Augen blind gemacht und unsere Herzen vor den Leiden der Welt verschlossen hat.

Natürlich handelt es sich bei dem, was wir weitergeben oder eben nicht weitergeben, nicht nur um materielle Güter. So wichtig sie sind, sie sind immer nur ein Spiegel unserer geistigen Einstellung, unseres Gewissens und Verantwortungsgefühls, unserer Verantwortungslosigkeit. Mit jedem bewussten Verzicht auf ein «Noch mehr» spiegeln wir eine Einstellung von Zufriedenheit und Glück, von innerer Stärke und Großmut, von Vertrauen und Mitgefühl wider. Dies sind die Werte, die es zu leben und weiterzugeben gilt. Natürlich können wir uns das nicht einfach befehlen und die augenblickliche Situation so von einem Tag auf den anderen verändern.

Diese Gedanken sind nicht als moralischer Appell zu verstehen. Worum es mir an dieser Stelle unseres gemeinsamen Bogenweges geht, ist zu zeigen, zu welchen geistigen Einsichten und damit auch Veränderungen unseres materiellen Anspruchsdenkens wir fähig sind. Was wir dazu benötigen, ist ein geistiger Zustand von Achtsamkeit, von Wachheit, in dem der Geist sich nicht in Gedankenlosigkeit verliert, sondern die jeweilige Situation mit klarem Auge zu erkennen vermag, wie sie ist. Wenn wir lernen, tief und ohne Voreingenommenheit, ohne Ichbezogenheit in die Gegenwart hineinzuschauen, erkennen wir sehr klar die Fehleinschätzungen und Fehlentscheidungen, sehen wir die sich daraus zwangsläufig ergebenden Entwicklungen für das Morgen und wissen, was wir zugunsten der Zukunft anders machen müssen. Wenn wir diesen klaren Blick mit einem liebevollen Herzen verbinden, werden die notwendigen Schritte keine schwere Bürde oder Last für uns sein, sondern wir werden sie mit Freude und Hingabe gehen.

## Frei von Lob und Tadel

Mit unserer Verbeugung voreinander ist der Übungsverlauf gewissermaßen abgeschlossen. Tatsächlich aber beginnt nur eine neue Übungsphase von ganz anderem Charakter.

Schauen wir noch einmal kurz zurück! Wir haben unter konsequenter Anleitung gelernt, unsere Übung möglichst präzise durchzuführen und uns weder von Emotionen noch von äußeren Umständen ablenken zu lassen. Dabei konnten wir uns stets auf die korrigierende Präsenz des Lehrers verlassen. Manchmal reichten wenige Worte, eine Geste, ein Blick, immer aber wurden wir von einem Gefühl der Sicherheit und des Vertrauens begleitet, auch wenn die Korrektur manchmal schmerzhaft war.

Nun liegt diese Übungsphase hinter uns. Wir treten nach der Verbeugung zur Seite, um der neuen Gruppe Platz zu machen, und gehen miteinander auf die Rückseite des Wolkentors, betreten einen wenige Meter entfernt gelegenen Übungsplatz. Hier wird auf einen großen Strohballen oder einen ausgestopften Sack geschossen.

Nun bin ich als übende Person zwar nach wie vor innerhalb der Gruppe, aber jeder übt für sich allein, also auch ohne die Aufsicht des Lehrers. Wie gehen wir mit dieser neuen Situation um? Können wir überhaupt damit umgehen? Entsteht ein Gefühl von Unsicherheit oder gar Angst, etwas falsch zu machen? Erleben wir es als befreiend? Endlich keine prüfenden Blicke mehr? Welchen Einfluss hat die Veränderung auf meine Gemütslage, und verwandelt sich dadurch mein Schießstil? Brauche ich jemanden, der mir «auf die Finger schaut», um meine Übung korrekt und präzise zu machen, oder bin ich frei von Lob und Tadel, ganz konsequent in meinem eigenen Wollen und Tun?

Diese Übung hat eine andere Qualität. Sie ist nicht besser, nicht schlechter, aber anders. Sie bringt mich meinem Alltag näher, denn auch dort gibt es keinen Lehrer, oft kein objektives Loben oder Tadeln, sondern nur die unübersehbare Herausforderung, den nächsten «Pfeil» zu nehmen – egal, welche Farbe, welchen Geruch er hat, welche Gefühle er bei mir auslöst – und «mein Ding» zu machen, «zu schießen», und zwar mit möglichst großem innerem Vertrauen und hoher Achtsamkeit. Dann spüre ich, dass ich gewachsen bin, *erwachsen* geworden bin, wacher und unabhängiger.

Ist auch dieser Übungsabschnitt beendet, folgt eine Phase der Stille, bis der Gong nach einigen Minuten erneut ruft und der nächste Durchgang beginnt. Es ist nicht immer leicht, diese Ruhe der Besinnung auszuhalten, sie bewusst zu leben, das heißt, nichts anderes zu tun, als seinen Atem zu beobachten, seine Aufgeregtheit, seine Enttäuschung oder auch seinen Stolz. Am liebsten begänne man sofort mit der nächsten Übung, um die Leere des «Nichtstuns» zu füllen, um der einen Aktivität die nächste folgen zu lassen. So wie im Leben – kein Innehalten, kein ruhiges Atemholen, kein freudiges oder kritisches Hinschauen. Aber es gibt diese Pause – und mit der Zeit entdecken wir, wie gut sie uns tut und wie wichtig es ist, den täglichen Rhythmus regelmäßig zu unterbrechen und sich in dieses innerlich bewegte Nichtstun einzuüben.

# 9

# ÜBEN IN DUNKELHEIT

## Schließe die Augen und schau ...

Häufig heißt unsere Übung: Üben mit geschlossenen Augen. Wir stehen in kurzer Entfernung zur Scheibe und führen unsere Übung zunächst wie gelernt durch. Während wir den Bogen heben, sind unsere Augen noch geöffnet, und wir schauen sehr intensiv auf den Zielpunkt, versuchen, ihn in die Phase der Dunkelheit hineinzunehmen. In dem Augenblick, in dem der Auszug beginnt, schließen wir die Augen, und der weitere Übungsverlauf wird mit geschlossenen Augen zu Ende gebracht. Ziel dieser Übung ist es, den Blick ganz und gar nach innen zu richten. Wir haben die Chance, unser inneres Auge genau sehen zu lassen, ob wir den Mittelfinger präzise zum Ankerpunkt bringen und unser Ablass entspannt ist.

Diese Übung kann zu einer wahren Offenbarung werden, denn wir entdecken, was geschieht, wenn unsere vermeintliche Kontrolle durch die Augen entfällt und Körper und Bogen sich unbeobachtet, frei bewegen können.

Sind die Pfeile über die ganze Scheibe verteilt, kann das bedeuten, dass wir noch keine stabile Körperhaltung gefunden haben, unser Bogenarm oder Oberkörper mal diese, mal jene Bewegung durchführt, dass der Körper wie zufällig mal diesen, mal jenen Empfindungen ausgeliefert ist. Hinzu kommt mitunter, dass auch das Finden des Ankerpunktes noch nicht so weit automatisiert ist, dass die Hand wie von selbst sauber landet. Dann stehen wir insofern vor einer schwierigen Aufgabe, als wir schwerpunktmäßig arbeiten und dabei in Kauf nehmen müssen, dass andere Punkte vernachlässigt werden.

Bei derartigen Beobachtungen lasse ich in der Regel die Übung mit geschlossenen Augen für diesen Tag oder – wenn sich das Ergebnis nicht verändert – auch für längere Zeit abbrechen, bis der Körper durch die Intensivierung der normal durchgeführten Übung sein «Raster» wiedergefunden hat. Erst dann kann erneut mit dem Üben mit geschlossenen Augen begonnen werden.

Ganz anders verhält es sich, wenn die Pfeile zwar nicht auf den Punkt, aber doch einigermaßen in die gleiche Richtung fliegen und in einer sichtbaren Gruppierung landen. Fast immer hat dieses Ergebnis mit dem Bogenarm zu tun, der ohne Augenkontrolle nach rechts oder links, oben oder unten ausweicht. Dies ist leicht zu erkennen und sehr oft zu beobachten. Es zeigt, dass die Tendenz zu dieser Abweichung immer vorhanden ist, jedoch durch die kontrollierenden Augen verhindert wird, so dass sie als nicht existent erlebt wird. Tatsächlich aber geschieht die Korrektur unbewusst, sozusagen durch unser Unterbewusstsein, und bedeutet, dass immer Energien zur Korrektur einer Fehlhaltung verschwendet werden müssen, die dann dem eigentlichen Übungsverlauf fehlen.

Um zu einer Harmonisierung des Innen und Außen zu gelangen, können wir folgendermaßen vorgehen. Wir üben mit fünf Pfeilen:

- Der 1. Pfeil, den wir schießen, ist markiert, und wir schießen wie gewohnt mit offenen Augen.
- Der 2. Pfeil ist unmarkiert, bei ihm schließen wir die Augen.

- Der 3. Pfeil ist wieder markiert, die Augen sind geöffnet.
- Die Pfeile 4 und 5 werden mit geschlossenen Augen platziert.

Nun haben wir auf der Scheibe den genauen Überblick und können nach längerem Üben feststellen, wie Bewusstes und Unbewusstes einander immer näher kommen – bis es im optimalen Fall keinen Unterschied mehr gibt.

Manchmal führt dies bei den Übenden zu erstaunlichen, äußerst wichtigen Erkenntnissen, wie z. B.: «Ich bin dauernd dabei, mich zu kontrollieren, ich will oder kann mich einfach nicht meinem Inneren überlassen.» Es ist verständlich, dass wir angesichts der Ergebnisse auf der Scheibe solche Rückschlüsse ziehen. Ich weise jedoch nachdrücklich darauf hin, dass dieses Bild immer nur den *augenblicklichen* Stand zeigt, ein Blitzlicht ist, und wir nicht voreilig generelle Schlüsse ziehen dürfen. Sollten sich die Bilder wiederholen, kann über die Technik hinaus etwas tiefer geschaut werden – der Bogen wird uns einmal mehr zum Spiegel unseres inneren Zustandes.

## Keine Kontrolle

### Nachtschießen im Haus

Eine weitere sehr aufschlussreiche Erfahrung ist das «Nachtschießen». Es kann in einem komplett verdunkelten Raum simuliert werden. Mit einem Laserpointer wird auf der Scheibe, die im Dunkeln nicht zu sehen ist, ein Punkt von etwa einem Zentimeter Durchmesser angestrahlt. Während das Licht noch eingeschaltet ist, bewegt sich die Gruppe in dem üblichen Ritual vorwärts, jeder Übende findet seinen Standort. Jetzt wird das Licht gelöscht, Dunkelheit hüllt uns ein. Kein Bogen ist zu sehen, keine Sehne, kein Pfeil. Unsere ganze Aufmerksamkeit gilt dem Tastsinn, mit dem wir die Sehne finden müssen, den Nockpunkt, Führungsfeder, Pfeilauflage. Unsere Übung verläuft in äußerster Konzentration, bis der Pfeil mit einem «Blup» auf der Scheibe ankommt. Erst wenn die Übung zum Abschluss gebracht ist – in der Regel nach drei Pfeilen pro Person –, wird das Licht eingeschaltet. Voller Spannung schauen wir nach dem Ergebnis ...

*Nachtschießen im Freien*

Nicht immer steht ein geeigneter Raum zur Verfügung. Dann verlagern wir unsere Übung in die Natur. Im Tal des Hasenbachs, an unserem Bogenübungsplatz, finden wir uns bei Anbruch der Dunkelheit ein, erleben somit intensiv den allmählichen Übergang zur Nacht, die zwischen Bäumen und Felsen besonders eindrucksvoll gespürt wird. Denn auch wenn es in unserem Tal immer still zu sein scheint, so wird doch die Abendstille zu einem außergewöhnlichen Erlebnis. Die Vogelstimmen werden seltener und leiser, bis sie ganz verstummen, die ersten Fledermäuse schwirren um uns, es ist, als begäbe sich die Natur zur Ruhe.

Obwohl wir als Gruppe immer schweigen, überträgt

sich hier eine tiefere Stille auf uns und wird erfahrbar. Unsere Schritte werden leiser, unsere Bewegungen langsamer, achtsamer. Und in dem Maße, wie sich unsere Konturen immer mehr auflösen, eins werden mit der «schweigenden» Natur, die uns umgibt, öffnen sich unsere Herzen, tritt Alltägliches zurück – und wir betreten einen weiten Raum. Für den Übungsverlauf benötigen wir so lange Licht, bis wir unseren Standort gefunden haben. Die nächsten Schritte gleichen der Übung im Haus.

## Unterschiede in der Wahrnehmung

Sowohl das Üben mit geschlossenen Augen als auch das Nachtschießen verlaufen in völliger Dunkelheit – und doch ist unsere Wahrnehmung jeweils eine andere: Halten wir die Augen aktiv geschlossen, gibt es für uns keinen sichtbaren Zielpunkt. Er besteht nur noch in der Erinnerung und insofern als innere Orientierungshilfe für die Auf- und Ausrichtung unseres Körpers, unseres Bogen- und Zugarmes. Schwerpunkt ist der Blick nach innen und das genaue Erfühlen dessen, was geschieht. Der Lehrer, der beobachtend dabeisteht, hat die Möglichkeit, Fehlhaltungen anzumerken und damit die Korrektur zu erleichtern.

Anders verhält es sich beim Nachtschießen. Die «dunkle Übungsphase» beginnt viel früher, und es gibt einen konkreten Zielpunkt, auf den unsere Augen gerichtet sind. Unser Blick konzentriert sich entschlossen nach außen auf diesen kleinen roten Punkt. Gleichzeitig ist unser Tastsinn intensiv gefordert, damit wir den Pfeil präzise einlegen. Wir müssen also wieder einmal lernen, erst eine, dann die nächste Aufgabe zu erfüllen, können es uns nicht leisten, zwei Aufgaben gleichzeitig zu erledigen. Was wir auch beim normalen Üben lernen wollen und müssen, nämlich eine klare Abfolge der Übungsschritte einzuhalten, dazu sind wir beim Nachtschießen durch die Umstände regelrecht gezwungen. Also: Zunächst einen Schritt, dann den nächsten und so weiter ... Nichts überhasten, denn jeder Schritt verlangt von uns Aufmerksamkeit, sonst gelangen wir nicht zu einem befriedigenden Ende.

## Was das Nachtschießen bewirkt

Grundsätzlich wird die Aufgabe, im Dunkeln zu schießen, als sportliche Herausforderung empfunden. Werde ich nach dem Ablass das «Blup» meines Pfeils auf der Scheibe hören, landet mein Pfeil im Netz, oder gibt es einen Schlag auf der Hauswand, vor der unser Netz steht? Mit jedem Pfeil erhöht sich die Spannung, bis wir bei Licht endlich das Ergebnis betrachten können. Es ist völlig in Ordnung, den sportlichen Aspekt zu sehen, diese Seite in uns kennen zu lernen und zu schauen, wie wir damit umgehen. Sie gehört zu unserem Lebensbild, ist eine Saite unseres individuellen Musikinstrumentes, das wir *Leben* nennen. Diese Saite gehört dazu, und es geht nur darum, uns einzuüben, dass sie die ihr gebührende Spannung erhält. Ohne diese Spannung ist unser Leben nicht wirklich lebendig. Aber mit zu viel Spannung muss die Sehne reißen, das heißt, es entstehen sowohl körperliche als auch psychische Schäden.

Während es bei unserer Übung am Tag äußerst

schwierig ist, den Fokus möglichst klein zu machen – erst das Pfeilfanghaus ausblenden, dann die Scheibe bis auf den Zielpunkt –, entfällt das bewusste Fokussieren bei der Nachtübung. Es gibt nur den einen erleuchteten Punkt. Und wir können in dieser klaren Ausschließlichkeit und Unmittelbarkeit eine große Kraft entdecken, ahnen Möglichkeiten, die sich uns eröffnen, wenn wir alles Hinderliche einfach weglassen.

Manche Menschen empfinden eine starke Verunsicherung beim Wegfall all jener Stützen, die uns sonst helfen, durchs Leben zu gehen und unsere Aufgaben zu erfüllen. Wir sehen vor uns keinen Boden, müssen ihn erst bewusst wahrnehmen, müssen erspüren, ob wir auf festem Grund stehen. Alle Formen, die Wände eines Raums, Bäume oder Felsen, die mir die Orientierung ermöglichen, sind nicht mehr wahrnehmbar. Auch die Präsenz des Lehrers entfällt. Nicht dass er nicht anwesend wäre – er ist schon da, aber auch er sieht nichts.

Besonders reizend verdeutlicht dies folgende Anekdote: Eine Frau – eine recht geübte Schützin – ist beim Nachtschießen völlig frustriert, weil kein einziger ihrer Pfeile die Scheibe trifft. Sie spürt das Wegbrechen all ihrer Kontrollinstanzen, kommt ganz verstört zu mir und meint: «Sag mir, was mache ich falsch?» «Ich weiß es nicht, ich sehe dich ja nicht!», antworte ich lachend, und wir spüren, dass es nun nichts mehr gibt, worauf zu bauen ist – auch keine Kontrollinstanz, die befragt werden kann.

Was bleibt, wenn alle vertrauten Kontrollen wegfallen? Ich werde ganz und gar auf mich zurückgeworfen, darf lernen, meine daraus resultierende Angst zu durchschreiten. Ich bleibe gleichsam allein übrig. Wenn ich mutig zu meiner Übung zurückkehre, erlebe ich ein bisher nicht gekanntes Körpergefühl, entdecke staunend, wie sehr meine Sinne funktionieren, lerne zunehmend, mich ihnen anzuvertrauen. Ich spüre, dass die einzige Brücke, die verlässlich trägt, meine Achtsamkeit ist, gelebt in diesem Moment. In diese Achtsamkeit muss ich mich unter den Bedingungen der Dunkelheit um mich herum viel stärker als sonst einüben – aber ich kann ihr auch vertrauen.

Wie sehr unsere Sinne im Dunkeln geschärft sind, erleben wir an Umweltgeräuschen, die wir als störend empfinden. Jedes leise und sonst nicht gehörte Knarren eines Bodenbrettes, jedes geflüsterte Wort in der Gruppe, jeder Schritt wird wahrgenommen, führt zu einer momentanen Unterbrechung der bewussten, gefühlten Handlung, beansprucht zusätzliche Energie, damit ich ganz konzentriert zu meiner Übung zurückkehren kann. Uns wird bewusst, wie sehr äußerer oder innerer Lärm – Unerledigtes, Ärger, Enttäuschungen – Hindernisse darstellen, die Kräfte beanspruchen, die wir dringend zur Erledigung unserer Aufgaben brauchen. Interessant dabei ist die Beobachtung, dass das Rauschen oder Plätschern des Bachs, also ein Naturgeräusch, überhaupt nicht als Störung empfunden wird.

Zu einer Herausforderung und einem wundervollen Geschenk wird der zwangsläufig neue Umgang mit der Zeit. Wenn wir nur auf unseren Tastsinn angewiesen sind, benötigen wir Zeit. Jede Bewegung wird in Zeitlupe ausgeführt. Achtsamkeit, Hingabe braucht Zeit – und Zeit ermöglicht Hingabe. Wir erleben, dass uns das tiefe Einlassen auf den Augenblick zeitlos werden lässt. Eine Beobachtung, die wir immer machen dürfen, wenn wir uns einer Sache hingebungsvoll widmen. Dabei fällt es leicht, sich diese Zeit zu nehmen, denn da ich nicht sehen kann, wie weit die mit mir Übenden sind, kann bei mir weder ein Gefühl von Gedrängtwerden noch Ungeduld gegenüber den anderen entstehen.

## Nur Hören

An dieser Stelle möchte ich auf eine Übung eingehen, die für uns als Gruppe noch im Experimentierstadium steckt. Wieder geht es ums Nachtschießen. Der Unterschied zu dem bisherigen Verlauf besteht allerdings darin, dass auch der beleuchtete Zielpunkt nicht mehr vorhanden ist. Stattdessen hören wir einen Piepton, der uns als Ziel dienen soll.

Zunächst gab es ein technisches Problem: Wir hatten das Signalgerät *hinter* der Scheibe positioniert, was zur Folge hatte, dass der Ton um die Scheibe herumging und somit oben, unten, links und rechts zu hören war. Wir mussten das System also verfeinern. Nun wird per Funk in regelmäßigen Abständen ein Signal gegeben, ein Piepton, der vor der Scheibe mittels eines Röhrchens aus ihrem Zentrum hörbar ist.

Obwohl dieses Prinzip grundsätzlich funktioniert, machen wir die Erfahrung, dass wir die Fähigkeit, einen Ton genau zu orten, fast gänzlich verloren haben und sehr viel Übung und allerhöchste Konzentration benötigen, um zu einigermaßen befriedigenden Ergebnissen zu kommen. Wir betrachten diese Übung wie alle unsere

Übungen als ernsthaftes Spiel. In dieser spielerischen Übungsvariante schulen und aktivieren wir ein Sinnesorgan: das Hören, das im bisherigen Verlauf des Übens nicht benötigt wurde. Dies ermutigt uns, weiter zu experimentieren. (Blinde Menschen, die Bogen schießen, üben mit einem Piepton, der schneller oder intensiver wird, je deutlicher die Pfeilspitze auf den Zielpunkt ausgerichtet ist.)

Wenn wir das Nachtschießen als komplette Übung betrachten, egal ob mit angestrahltem Zielpunkt oder mit einem gehörten Ziel, lässt sich unschwer erkennen, dass sämtliche Erfahrungen – bei aller Unterschiedlichkeit – eines gemeinsam haben: den noch stärkeren Antrieb und die noch größere Notwendigkeit, sich ganz und gar einzulassen. Nur dieses, sonst nichts!

Die stets notwendige Fokussierung wird in einem Text von Henning Sabo sehr schön beschrieben:

Einst kam ein junger Schüler zu Meister Einklang und bat um Unterweisung. «Meister, was ist das Wesen des WEGES?»

«Täglich!»

«Wie soll ich das verstehen?»

«Stündlich!»

«So gebt mir doch einen Hinweis!»

«Pausenlos.»

«Gibt es keinen anderen Weg?»

«In diesem Moment.»

# 10

# DER OCHSE
# UND SEIN HIRTE

Bei der Schlusszeremonie eines Sesshin lesen wir gemeinsam den berühmten Zen-Text *Der Ochse und sein Hirte* (s. S. 229ff.). Wir, Sie und ich, sind gemeinsam den Bogenweg gegangen und uns etwas vertraut geworden. Vielleicht haben Sie die Freuden und Schmerzen, die Menschen erleben, wenn sie sich bei einem Sesshin darauf einlassen, nachempfinden können, oder Sie haben beim lesenden Nachsinnen selbst intensive Erfahrungen machen dürfen, haben unabhängig von Erfolg oder vermeintlichem Scheitern manchen Ihrer Bogen zerbrechen sehen. Sie spüren, dass zur Meisterung des Lebens noch etwas fehlt, und gleichzeitig wissen Sie, dass das Leben noch einiges für Sie bereithält – einen immer neuen Pfeil mit der Aufforderung: schieß!

Die nachfolgenden Bilder, Texte und Kommentare beschreiben den Prozess des Suchens und Findens in einem ganz anderen Kontext, zeigen unser Bemühen, unser Leben zu meistern, zu einer freien, starken, erwachsenen, ja erwachten Persönlichkeit zu reifen, die sich in der Welt der Formen – auf dem «Marktplatz» – einfindet und «ohne Geheimnis und Wunder dürre Bäume erblühen» lässt.

Die so genannten Ochsenbilder sind in China während der Sung-Zeit entstanden und stammen von dem Zen-Meister Kuo-an Shih-yuan (um 1150). Der Ochse ist die Symbolfigur für das eigentliche und tiefe Selbst, der Hirte das Wesen Mensch. Am Anfang der Geschichte sind beide – Ochse und Hirte – getrennt. Sie wachsen erst allmählich zu einer Einheit zusammen.

# 1. Die Suche nach dem Ochsen

Verlassen in endloser Wildnis schreitet der Hirte
dahin durch wucherndes Gras und sucht seinen Ochsen.
Weit fließt der Fluss, fern ragen die Gebirge
und immer tiefer ins Verwachsene läuft der Pfad.
Der Leib zu Tode erschöpft und verzweifelt das Herz.
Doch findet der suchende Hirte keine geleitende
   Richtung.
Im Dämmer des Abends
hört er nur Zikaden auf dem Ahorn singen.

Tatsächlich ist der Ochse nie wirklich verschwunden. Er ist deine Heimat, von der du nie getrennt bist. Aber du hast dich entfernt, bist deinem wahren Wesen fremd geworden. Hast deine Einheit verloren. So sind die Sinne verwirrt, verstrickt in Gier, Angst, Unterscheidungen und Bewertungen, so heftig, dass du oft den Eindruck hast, als hättest du dich selbst verloren. Du verläufst dich am Bachufer, verirrst dich in den Gebirgen, bist betäubt von betörend duftendem Gras. Das «Leben» frisst seine Kinder. Es ist jedoch das tiefste ureigenste Anliegen des Lebens, das dich umtreibt, Unruhe und Unzufriedenheit aufkommen lässt, so lange, bis du heimgefunden hast zu dir selbst. In die Verzweiflung dringt ein äußerer Ton, der das Herz berührt: «Zikaden auf dem Ahorn» – eine erste, ferne Stimme des Seins.

## 2. Das Finden der Ochsenspur

Unter den Bäumen am Wassergestade
sind hier und dort die Spuren des
Ochsen dicht hinterlassen.
Hat der Hirte den Weg gefunden inmitten des
dicht wuchernden, duftenden Grases?
Wie weit der Ochse auch laufen mag
bis in den hintersten Ort des tiefen Gebirges:
Reicht doch seine Nase in den weiten Himmel,
dass er sich nicht verbergen kann.

Gestern erschien dir der Fluss hinderlich, das Gras ver-
wirrend, die Berge unüberwindbar. Heute sieht alles anders aus. Die Aufgaben des Tages sind unverändert, und
doch ist alles anders. Du ahnst, dass das Wesen, das du
suchst, nicht getrennt ist von dem, was jetzt vor dir ist.
Es ist, als wäre an dem Brett vor deinen Augen eine
kleine Öffnung entstanden. Nachdem du überall Spuren
entdeckt hast, kann dich nichts mehr aufhalten. Voller
Energie folgst du der Fährte.

## 3. Das Finden des Ochsen

Auf einmal erklingt des Buschsängers
helle Stimme oben im Wipfel.
Die Sonne strahlt warm, mild weht der Wind,
am Ufer grünen die Weiden.
Es ist kein Ort mehr, dahinein der Ochse sich entziehen
könnte.
So schön das herrliche Haupt mit den ragenden
Hörnern,
dass es kein Maler erreichte.

Du vergrößerst die Öffnung durch wenige Augenblicke des Innehaltens mitten in deinen Alltagsereignissen. Es ist, als beträtest du durch fünfzehn Minuten Stille eine Insel, bevor der «Tag» beginnt, du bekommst durch einen mehrtägigen Rückzug in einer entsprechenden Einrichtung eine neue Perspektive. Plötzlich hörst du gebannt des Buschsängers helle Stimme im Baum, spürst, wie die Sonne und der Wind deine Haut berühren, das satte Grün der Wiesen macht dich trunken, der Gesang der Bogensehne geht dir durch Mark und Bein, der Klang deiner Tastatur am Computer ist wie eine Liebeserklärung, die Schreckensnachrichten der *Tagesschau* lassen deine Tränen fließen: Das Leben hat dich eingeholt, du entdeckst es in all den äußeren Erscheinungen, selbst in den kleinsten Nebensächlichkeiten. Nichts ist getrennt von der alles umfassenden «Wahren Wesensnatur». Sicher noch nicht in völliger Klarheit, Tiefe und Kraft, aber der Ochse kann sich nicht mehr verstecken. Wo immer du hinschaust, entdeckst du sein herrliches Haupt. Kein Maler kann das wahre Leben zeichnen, kein Poet es wirklich beschreiben. Nur wenn du in den Apfel hineinbeißt, weißt du, wie der Apfel schmeckt.

# 4. Das Fangen des Ochsen

Nach höchsten Mühen hat der Hirte den Ochsen
   gefangen.
Zu heftig noch dessen Sinn, die Kraft noch zu wütend,
um leicht seine Wildheit zu bannen.
Bald zieht der Ochse dahin, steigt fern auf die hohen
Ebenen.
Bald läuft er weit in tiefe Stätten der Nebel und Wolken
und will sich verbergen.

Betrachte die ungeheuere Kraft des Ochsen, seine unge-
zügelte Wildheit. Er war so lange in der Wildnis, dass es
nicht einfach ist, ihn von seinen alten Gewohnheiten ab-
zubringen, die festgefahren, hartnäckig und wild sind.
Wenn du willst, dass dir das soeben neu entdeckte Leben
nicht entgleitet, brauchst du viel Energie, Mut und Geduld. Nach der ersten Euphorie folgt jetzt das stetige
Üben. Immer wieder läuft der Geist dir weg, verliert
sich in Nebel und Wolken der Müdigkeit, der Resignation, der hunderterlei Ausreden, der Verzagtheit und
Zweifel. Plötzlich meldet sich dein spießbürgerlicher
Verstand, deine Vernunft lässt dich fragen, ob das Ganze

nicht eine Täuschung sei, ob es sich wirklich lohne? Eine Weglauf-Mentalität, ein «Koffer-pack-Syndrom» greift nach dir. Aber auch die Kräfte der Verführung sind am Werk. Die hohen Ebenen unserer Fantasie, das sich verstärkt meldende Ich, vielleicht schön versteckt unter den Farben der Spiritualität, oder die hohe Ebene der großen Masse, des breiten, scheinbar so bequemen Weges. So ist Wachsamkeit geboten, der Ochse ist noch nicht gebändigt, unvermittelt versucht er auszubrechen.

# 5. Das Zähmen des Ochsen

Von Peitsche und Zügel darf der Hirte
seine Hand keinen Augenblick lassen.
Sonst stieße der Ochse
mit rasenden Schritten vor in den Staub.
Ist aber der Ochse geduldig gezähmt und zur Sanftmut
    gebracht,
folgt er von selbst ohne Fessel und Kette dem Hirten.

Mit dem Einfangen des Ochsen stehst du am Anfang.
Jetzt geht es darum, ihn zu zähmen. Mara, der Verführer
bei Buddha, wie der Teufel bei Jesus sind keine Wesen, die
außerhalb von dir existieren. Es ist nicht die Welt, es sind
nicht die Umstände, die anderen, die es dir schwer machen. Es ist dein eigener ungezähmter Geist. «Peitsche
und Zügel» meint: Beobachte dich genau. Zen ist ein
geistiger Schulungsweg, ein Training. Du musst lernen,
dich selbst zu studieren. Deine Vorliebe, schnell etwas
anzufangen, um es genauso eilig wieder fallen zu lassen,
deine Ichsucht, die nach Anerkennung giert, immer versucht, im Mittelpunkt zu stehen, deine Empfindlichkeit
und dein schnelles Gekränktsein, deine Neigung, dich zu

überfordern, dein fehlendes Selbstwertgefühl, deine Fantasien, deine Tagträume, deine Fahrigkeit und dein Gefangensein im Gestern und Morgen. Spüre, wie du mitgerissen wirst von deinem eigenen ungezügelten Geist. Auch wenn es dir Mühe macht, mit alldem umzugehen, so darfst du doch darin deine Lebendigkeit, deine Energie spüren. Deine Aufgabe ist es, sie zu zügeln. Es ist dieselbe Energie, die dich «über alle Berge reißt» oder es auf den «Punkt» bringt.

Es ist ganz wichtig, dich genau zu studieren, denn nur so gelingt dir die Zähmung des Ochsen. Erinnere dich, was ich zu der Rolle und Aufgabe des Lehrers gesagt habe.

Du kannst die Aufgabe, an dir zu arbeiten, mit großem Vertrauen angehen. Dass der Ochse ohne Fesseln und Kette dem Hirten folgt, sagt dir, dass es in dir etwas gibt, das heil und vollkommen ist. Darauf darfst du aufbauen. Lass keinen Zweifel zu.

## 6. Die Heimkehr auf dem Rücken des Ochsen

Der Hirte kehrt heim auf dem Rücken des Ochsen,
gelassen und müßig.
In den fernhinziehenden Abendnebel
klingt weit der Gesang seiner Flöte.
Takt auf Takt und Vers auf Vers
tönt die grenzenlose Stimmung des Hirten.
Hört einer auf den Gesang,
brauch er nicht noch zu sagen, wie es dem Hirten
  zumute ist.

Wenn diese Verse in unserem Dojo gelesen werden, verschlägt es mir oft die Sprache. Während ich sie jetzt lese und das Bild betrachte, kommen mir die Tränen, und ich bin überwältigt, einbezogen in ihre Schönheit, ihren Rhythmus. Ich weiß, dies ist der Takt der Sterne, das Strömen der Gezeiten, Werden und Vergehen, Tag und Nacht, Leben und Tod. Die Melodie der Flöte ist nicht spektakulär, macht keinen Lärm. Die Flöte ist das Instrument der einfachen Leute, der Hirten, der Gaukler und doch wundervoll erklingend, alles verzaubernd. Der Abendnebel verkündet: Der Kampf ist zu Ende. Ich brauche keine Peitsche mehr, keine Kette. Der gezähmte Ochse trägt mich. Ich brauche mich nicht um ihn zu kümmern, und wer mich sieht, spürt etwas von der neuen Dimension, die LEBEN heißt. Dieser Augenblick ist eine Erfahrung, hinter die ich nie mehr zurückgehen kann und will. Verlockungen oder Drohungen werden bedeutungslos angesichts der Fülle und Schönheit des neu Gewonnenen: einfach nur leben!

## 7. Der Ochse ist vergessen, der Hirte bleibt

Schon ist der Hirte heimgekehrt auf dem Rücken des
  Ochsen.
Es gibt keinen Ochsen mehr.
Allein sitzt der Hirte, müßig und still.
Ruhig schlummert er noch, da doch die rot brennende
  Sonne
schon hoch am Himmel steht.
Nutzlose Peitsche und Zügel,
  weggeworfen unter das strohene Dach.

Welch friedliches Bild. Der Hirte sitzt in seiner Hütte,
gelassen und müßig, wie einst die alten Leute in unserem
Dorf auf einer Holzbank vor dem Haus zusammensaßen
und uns Kindern schweigend beim Spiel zuschauten. Natürlich gibt es noch deine Arbeit, und sie muss getan werden. Selbstverständlich gibt es wichtige Entscheidungen,
Auseinandersetzungen. Aber der schlummernde Hirte
bestätigt dich in dem Gefühl, dass diese Dinge dich nicht
mehr besetzen, ihre krank machende Wucht verloren haben. Deine Worte, dein Tun sind Spiegel der Klarheit des
Mondes, und die erarbeitete Stille trägt dich ganz selbst-

verständlich durch deinen Tag. Auch der Kampf mit dem Ochsen ist vorbei. Der gezähmte Geist, der dich, Flöte spielend, trägt, ist nicht mehr Gegenstand deines Bemühens. Er ist immer gegenwärtig, selbstverständlich, dienend, so integriert, transzendiert, als gäbe es ihn nicht mehr.

## 8. Die vollkommene Vergessenheit
### von Ochse und Hirte

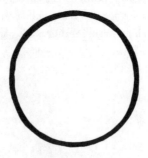

Peitsche und Zügel, Ochse und Hirte
sind spurlos zu Nichts geworden.
In den weiten blauen Himmel reicht niemals ein Wort,
    ihn zu ermessen.
Wie könnte der Schnee auf der rötlichen Flamme
des brennenden Herdes verweilen?
Erst wenn ein Mensch an diesen Ort gelangt ist,
kann er den alten Meistern entsprechen.

In diesem Bild siehst du keinen Hirten, keinen Ochsen,
weder Flöte noch Peitsche. Shunyata – Leere. Alles
Gegensätzliche, alle Dualitäten sind abgefallen, sind ge-
schmolzen wie Schneeflocken auf der rötlichen Flamme.
Auch Begriffe wie Erleuchtung oder Nicht-Erleuchtung
halten der Flamme nicht stand. Nicht Buddha, nicht
Jesus, nicht Hölle, nicht Paradies, weder Erkennen noch
Erreichen.

Vielleicht fragst du dich, welche Beziehung zwischen
dem, was in diesem Bild beschrieben wird, und der
gegenwärtigen Welt besteht. Am Eingang des Gartens ei-

nes Meditationshauses war ein großer Kreis als Tor aufgebaut. Es war klar, du musst durch dieses Tor der Leerheit eintreten, aber es ist dieselbe Erde, vor, unter und hinter dem Tor. Die Leerheit braucht die Form, um als solche erfahrbar zu werden, aber: «Form ist Leere, Leere ist Form», heißt es im Zen.

Es ist wichtig, diese Leere nicht mit dem Nichts gleichzusetzen, sonst wird aus dem Nichts eine Philosophie, und du bleibst in einer gewissen Oberflächlichkeit deiner Übung. Leere zu erfahren bedeutet, dass nichts mit deinen Sinnen und deinem Geist wahrgenommen werden kann. Die Formen sind leer. Gleichzeitig aber: Die Leere gebiert von Augenblick zu Augenblick Form. Wenn du mit allen Versuchen, dir Bilder auszumalen oder Konzepte zu entwickeln, gescheitert bist, befindest du dich auf den Spuren der alten Meister.

# 9. Zurückgekehrt in den Grund und Ursprung

In den Grund und Ursprung zurückgekehrt,
hat der Hirte schon alles vollbracht.
Nichts ist besser, als jäh auf der Stelle
wie blind zu sein und taub.
In seiner Hütte sitzt er und sieht keine Dinge da
 draußen.
Grenzenlos fließt der Fluss, wie er fließt.
Rot blüht die Blume, wie sie blüht.

Hast du hingefunden, heimgefunden zum Leben, ist alles vollbracht. Darüber hinaus gibt es nichts. Es ist so einfach und gerade deshalb so schwierig, weil unser Verstand nur Vordergründiges begreifen kann, was an sich nicht schlimm ist. Zum Problem wird diese Sichtweise deshalb, weil du verführt wirst, sie als absolut zu setzen. Darum sagt unser Dichter: Besser, du wärst von Anfang an, genau wie auf der Stelle, blind und taub gewesen, also frei von jeglichem analysierendem Denken. Ein Kind in seiner Unkompliziertheit ist dem Himmelreich näher als der scharfe Denker. Das heißt nicht, dass wir unseren organisatorischen Verstand nicht gebrauchen können. Im

Gegenteil! Es heißt aber, dass er uns nicht helfen kann, das wirkliche Sein zu erfassen.

Am Beispiel des Flusses, der einfach fließt, und der rot blühenden Blume erkennst du das Gesetz des Lebens. Der Fluss ist in diesem Augenblick einfach Fluss, die Rose blüht, weil sie blüht. Fluss und Blume haben eine Entwicklung hinter sich und bleiben nicht, was sie jetzt sind. Kein Fluss will eine Blume sein und keine Blume ein Fluss. Gerade deshalb sind beide so authentisch, so echt!

Als Menschen bewegen wir uns oft auf einer anderen Schiene. Nicht immer sind wir einverstanden mit dem, wie wir sind und was wir sind. Oft genug greifen wir bremsend, beschleunigend ein. Lassen Blume nicht Blume und Fluss nicht Fluss sein.

Bei den Niederwerfungen in unserem Dojo bilden wir mit unseren Daumen-, Zeigefinger- und Mittelfinger-spitzen ein Dreieck. Es steht symbolisch für Werden, Erhalten, Vergehen. Wenn wir mit unserem Kopf auf dem Boden ankommen, legen wir unsere Stirn in dieses Dreieck. Diese Geste ist für das Zen untypisch. Wir sind bis heute trotzdem dabei geblieben, und mit jeder Berührung finden wir uns ein und sagen Ja zum Strom des Lebens, zu Blüte und Vergehen der Rose, lernen Ja zu sagen zu uns selbst, frei zu werden von allen Versuchen, etwas oder jemanden zu kopieren.

## 10. Das Hereinkommen auf den Markt mit offenen Händen

Mit entblößter Brust und nackten Füßen
kommt er herein auf den Markt.
Das Gesicht mit Erde beschmiert,
den Kopf mit Asche über und über bestreut.
Seine Wangen überströmt von mächtigem Lachen.
Ohne Geheimnis und Wunder zu mühen,
lässt er jäh die dürren Bäume erblühen.

Die Bilder eins bis acht zeigten dir den inneren Weg, wie er während eines Sesshins gegangen werden kann. Sie sind jetzt wie ein Spiegel, für Erfahrungen, die gemacht wurden. Mit den Bildern neun und zehn näherst du dich wieder dem Alltag. Wirfst einen Blick auf dein Morgen. Wie wird es mir ergehen?, fragst du dich vielleicht ängstlich.

Schau dir das Bild an. Der erleuchtete Mensch bejaht nicht nur seine Vergänglichkeit, sondern auch sein Sein, seinen «Marktplatz». Und so kommt er in königlicher Gestalt und doch in selbstverständlicher Bescheidenheit herein, barfuß und mit entblößter Brust.

246

Sein Lachen ist ansteckend, seine Gelassenheit und tiefe Heiterkeit machen Mut, seine Demut lässt Raum für eigene Entwicklung, durch sein Mitgefühl erblühen dürre Bäume. Er zündet ein Licht an, wo die Dunkelheit regiert, setzt ein Zeichen der Hoffnung, wo Verzweiflung quält.

Mit einer Widmung endet das Sesshin:

> Mit vollem Bewusstsein haben wir den Text vom
> Ochsen und dem Hirten rezitiert.
> Wir widmen die daraus erwachsende Kraft dem
> Bodhisattva Avalokiteshvara*,
> dem vollkommenen barmherzigen Bodhisattva.
> Wann immer wir diesen Text rezitieren, ist das große
> Mitgefühl mit uns,
> und wir können es in der Tiefe unseres Seins empfinden.
> Wir bitten um Frieden in aller Welt, und dass das
> Hinderliche durch die
> Kraft des Wohlwollens überwunden werde.
> Wir bitten um Frieden für diesen Ort und um Frieden
> in unseren Herzen.
> Wir offerieren diese geistige Gabe in Dankbarkeit allen,
> die den Dharma durch die Länder und Zeiten getragen
> und die Vier Edlen Wahrheiten mit allen Wesen
> vollendet haben.
> Wir bitten für alle Lehrerinnen und Lehrer, für alle
> Mönche und Nonnen und für alle, die auf dem Weg sind,
> und für die Errettung der Büsche und Gräser und aller
> Lebewesen.

# 11

# DAS LEBEN WIRD KLARER

## Erfahrungen von Übenden

Auf den folgenden Seiten möchte ich Ihnen gerne von den Veränderungen berichten, die sich durch unsere Übung einstellen können und an denen ihre Integration in den Alltag sichtbar wird. Denn gleichgültig wie viele spirituelle Erfahrungen wir auch gemacht haben – immer ist es die nächste Aufgabe, sie in unsere Alltagswelt hineinzunehmen. Noch einmal als Wiederholung: Wir üben nicht, damit sich irgendetwas oder etwas Bestimmtes verändert. Damit würden wir uns selbst im Weg stehen. Wir üben, weil wir üben – voller Vertrauen!

Zunächst möchte ich Ihnen von Erfahrungen berichten, die wir als Übungsgruppe gemacht haben, anschließend kommt ein Unternehmer zu Wort, und schließlich erzähle ich von einer Beobachtung bei mir selbst. Ich tippe diese Zeilen in den Computer, und mir wird bewusst, dass wir miteinander wieder dort ankommen, wo wir begonnen haben: mitten im Leben. Dieser weite Bogen führt durch das ganze Buch, vom Leben her kommend, auf der Suche und immer auf dem Weg bleibend, im Leben endend. Wenn Sie genau hinschauen, entdecken Sie, dass auch der Hirte in den Ochsenbildern denselben Weg beschreitet. Das mag Sie darin ermutigen, dass der Bogenweg nicht vom Leben weg führt, sondern in das Leben hinein, in das volle Leben als gereifte Persönlichkeit.

Ein Samstagmorgen im Winter. Um 9.00 Uhr soll die regelmäßige Übung des Bogenweges beginnen. Ich gehe talabwärts in Richtung Wolkentor, um dort unseren Holzofen in Gang zu bringen, damit die Übenden bei ihrer Ankunft von sanfter Wärme empfangen werden. Der Hasenbach ist teilweise zugefroren, nur an einzelnen Stellen kann ich das Wasser sehen und gurgeln hören. An den Grashalmen, die ins Wasser hängen, haben sich glitzernde Eiskristalle gebildet. Sie funkeln in der Frische des beginnenden Tages.

*Eiskristalle*

In das Murmeln des Baches und die Stille des Morgens mischt sich plötzlich, vom Tal kommend, ein lautes, brüllendes Geräusch. Als ich um einen Felsvorsprung biege, sehe ich fünf Waldfacharbeiter, drei von ihnen mit Kettensägen ausgestattet. Sie sind dabei, auf der anderen Bachseite, knapp dreißig Meter von unserem Übungsplatz entfernt, im Akkord Bäume zu fällen, klein zu sägen und aufzustapeln. Der Lärm ist unvorstellbar, fast gewaltsam, zerstörerisch. In dem engen Tal zwischen den steil aufsteigenden Felswänden gibt es kein Entrinnen. Die Vorstellung, hier mit einer Gruppe zwei Stunden konzentriert zu üben, löst blankes Entsetzen in mir aus. Aber was soll ich tun? Ich beschließe, nichts zu sagen und zunächst die Reaktionen abzuwarten.

Vierzehn Männer und Frauen sind gekommen. Der Lärm traktiert die Natur unvermindert weiter. Doch niemand gibt einen Kommentar ab. Keine bestürzten oder enttäuschten Mienen, keine Wut in den Augen. Alle üben, als wären die brüllenden Kettensägen das natürlichste Geräusch der Welt.

Nach zwei Stunden — wir sind wieder oben im Tagungsraum — frage ich, wie sie den Lärm empfunden hätten und damit umgegangen seien. Schweigen. Dann antwortet eine Frau und drückt aus, was viele ähnlich erlebt haben: «Die ersten dreißig Minuten störte es mich heftig, aber ich versuchte und lernte, mich so auf meine Übung zu konzentrieren, mein ganzes Bewusstsein auf mein augenblickliches Tun zu richten, dass ich die Kettensägen nicht mehr wahrnahm. Sie waren noch da, aber sie berührten mich nicht mehr, sie drangen nicht mehr in die Tiefe, richteten keine Zerstörung an. Ich war mitten im Lärm ganz im Frieden — eine unglaubliche Erfahrung.»

Die Sommer- und Herbstmonate 2002 waren verregnet, die großen Ferien buchstäblich ins Wasser gefallen. In vielen Gebieten Deutschlands erlebten die Menschen ein verheerendes Hochwasser. Davon blieben wir in unserem Tal verschont – aber die Berge, die Wald- und Ackerböden waren mit Wasser voll gesogen, und wenn es regnete, konnte der Boden keine Feuchtigkeit mehr aufnehmen. Wir hatten Übungstag, und wieder regnete es in Strömen. Der Himmel war grau und schwer, und Ellen und ich rechneten mit nur ganz wenigen, die sich bei solchem Wetter auf die Reise machten, um dann im Regen zu üben. Aber wieder mal war unser Sangha für eine Überraschung gut – wir wurden eine große Gruppe von über zehn Personen. Es mussten sogar zusätzliche Zabutons (Sitzmatten) in den Dojo geschafft werden, damit alle einen Platz hatten. Das war kein Problem. Doch ich stellte mir mit Grausen vor, wie eng es im Wolkentor würde bei so vielen Übenden, die sich alle dort aufhalten mussten, um trocken zu bleiben. Wie kompliziert die Situation tatsächlich war, wurde mir allerdings erst vor Ort klar ...

Dort bietet sich uns ein nicht erwarteter Anblick: Das Wasser flutet regelrecht von den Bergen, fließt unter den Holzwänden des Wolkentors hindurch und sammelt sich etwa fünf Zentimeter hoch auf der halben Bodenfläche – am stärksten in dem Bereich, von dem aus wir üblicherweise mit der Übung beginnen. Trotz guten Schuhwerks und Regenjacken ist das eine ziemlich große Herausforderung. Im Häuschen Wasser, draußen heftiger Regen. Aber wir üben, als wäre das alles ganz normal – und wir spüren, wie unsere Übung besonders gut verläuft, denn die Ausnahmesituation verlangt von uns erhöhte Achtsamkeit. Ohne diese würde das Ganze zu einem Fiasko. Doch davon keine Spur – und am Schluss sind wir uns alle einig, dass wir einen außergewöhnlich intensiven, befriedigenden Übungstag erlebt haben.

Zwei Beispiele für neue, großartige Erfahrungen. Unsere Zen-Übung verhindert nicht die Schwierigkeiten des Lebens – Kettensägen bleiben Kettensägen, und Hochwasser bleibt Hochwasser. Was sich jedoch durch unsere Übungspraxis verändert, ist der Umgang mit den Schwierigkeiten. Das ist für uns nichts grundsätzlich Neues. Wir alle ahnen, dass wir mit unserem Geist, unserer Wahrnehmung die Wirklichkeit schaffen bzw. sie beeinflussen können.

Es ist wichtig, das in konkreter Übung zu erfahren und damit bezeugen zu können. Dann «wissen wir»: Entweder Gedanken, Gefühle, Situationen beherrschen uns – damit werden die äußeren Umstände zur reinen Qual –, oder wir lernen, mit der Wirklichkeit souverän, also «befreit» und unabhängig, umzugehen. Das ist eine wunderbare Übung, denn sie zeigt uns, dass wir nicht ausgeliefert sind. Oft können wir unsere äußeren Lebensumstände nicht ändern. Sie sind so, wie sie sind. Aber wenn wir beginnen, uns selbst zu verändern, unsere Einstellung zu den Gegebenheiten, dann verändern wir ein Stück weit die Welt ... Das haben wir auf dem Bogenweg schon gelernt – jetzt üben wir es in der konkreten Herausforderung.

Häufig sind es gar nicht die Fakten, die uns zerstören, sondern unsere Gier nach dem anderen. Unser Klammern an bestimmte Vorstellungen, wie wir etwas gerne hätten. «Wie wunderschön wäre jetzt meine Übung, wenn die Sonne schiene …» In dem Augenblick, in dem uns dieser Gedanke beherrscht, wird die Situation zur Qual, der Regen als unfaire Aggression empfunden, der wir ausgeliefert sind; denn er öffnet Zweifeln und Fragen die Tür: «Warum war ich bloß so blöd, mich heute auf den Weg zu machen? Ich habe mich so auf diese Stunden gefreut, auf die Stille im Tal, auf die Harmonie mit der wunderschönen Umgebung! Was habe ich nur verbrochen, dass ich so bestraft werde? Hätte ich doch nur dem Wetterbericht geglaubt, hätte ich doch auf meinen Mann gehört, dann wäre ich jetzt nicht hier. Warum war ich nur so blöd?» Und so weiter. Wir alle kennen diese zermürbenden, unlösbaren Fragen. Wenn wir genau hinschauen, entdecken wir, dass wir mindestens zwei, vielleicht sogar drei Probleme haben: das Faktische, unsere Interpretationen und unsere Identifikation.

## Zen im Management

*Von Dieter Dreesen*

Nach der ersten Begegnung mit Kyu-Sei war mir klar: Er wird mein Lehrer. Das ist jetzt über sechs Jahre her, und seitdem ist die Zen-Praxis, d. h. das fast tägliche Sitzen, Teil meines Lebens geworden. Meine Arbeit als selbständiger Designer bringt es mit sich, dass ich oft unterwegs sein muss, auch im Ausland. Ich habe mir angewöhnt, mein Sitzkissen auf meine Reisen mitzunehmen – und so wird auch das Hotelzimmer zu meinem Dojo.

Seitdem ich Zen praktiziere, werden die Dinge klarer. Als ob ein Schleier weggezogen wird. Ich schaue hin, ich sehe, was wirklich ist, nicht das, was meine Vorstellung, mein Wunsch, mein Bild von mir und meinem Unternehmen ist.

Vor allem bin ich ruhiger, ausgeglichener als früher. Die Berge und Täler, das Hin und Her von Erfolg und Misserfolg, Enttäuschung und Freude, Frust und Spaß, Gewinn und Verlust – nach wie vor durchlebe ich diese Phasen von Leid und Glück. Aber irgendwas ist anders. Es reißt mich nicht mehr so mit, die Extreme dauern nicht mehr so lang – es ist manchmal eine Art wohlwollende Ruhe inmitten des Sturms.

Ich gehe gerader, aufrechter, auch im übertragenen Sinn. Meine Haltung ist durch das Bogenschießen eine andere geworden. In gewisser Weise bin ich auch ungeduldiger geworden. Will nicht mehr so viel Zeit vertrödeln, will schneller zum Kern der Sache, Masken und Spielchen weglassen. In Geschäftskreisen, in denen Intrigen und Machtspiele an der Tagesordnung sind, will ich mich nicht mehr länger als nötig aufhalten, selbst wenn ich dadurch Kunden verliere.

Zen ist für mich die Nabelschnur, die mich mit etwas ganz Tiefem, ganz Festem verbindet, ohne dass ich es benennen wollte oder könnte. In einem Beruf, dessen Wesensinhalt die ständige Neu-Schöpfung ist, in dem der kreative Akt der Selbstzweck ist, in dem man sowieso immer und immer in die Zukunft denkt, in diesem Beruf auch noch Unternehmer zu sein bedeutet, ständig das Morgen zu planen. Zen hält mich im Hier und Jetzt, ist Kraftquelle und Tank, stellt mich immer wieder auf die Füße.

Die deutlichste Veränderung liegt im Führen der Mitarbeiter. Und die Veränderung hält an. Manchmal frage ich mich, was ich in den fünfzehn Jahren Selbständigkeit ohne Zen eigentlich gemacht habe. Erst in den letzten Jahren habe ich das Gefühl, langsam zu verstehen, was Mitarbeiterführung ist. Klarheit in der Kommunikation, Aufrichtigkeit im Umgang, selbstbewusst und mutig – wie kann ich das von anderen erwarten oder fordern, ohne es selbst vorzuleben?

Glaubwürdigkeit und Authentizität kann man nicht in Seminaren lernen, das geht nur im wirklichen Leben – aber dazu muss man dieses Leben auch annehmen und leben wollen! Vor einigen Jahren gab es eine Phase, in der ich aufhören wollte, das Leben als Unternehmer satt hatte. Ich war unbestimmt und im Zweifel – dieser ewige Existenzkampf, diese Abhängigkeit von mir selbst, ein Unternehmen, das ohne meine Kontakte nicht existieren kann, die Angst vor Krankheit und finanziellem Ausfall, die ständigen Enttäuschungen durch Mitarbeiter. Seit ich Zen praktiziere, ist das verschwunden. Es erfüllt mich mit tiefer Dankbarkeit und Freude, einen Beruf ausüben zu können, den ich mir gewünscht hatte, den ich mir ausgesucht hatte. Und wenn ich jungen Menschen und Mitarbeitern auch diese Möglichkeit geben kann, hat das alles einen Sinn … Einen Sinn, der nicht darin liegt, Gewinne um der Gewinne willen zu machen, sondern in der Schaffung von Möglichkeiten, dass Menschen sich entwickeln und entfalten können.

Achtsamkeit und Mitgefühl im Umgang mit Kunden, Geschäftspartnern und Mitarbeitern sind für einen Unternehmer die größte Herausforderung. Wir alle wollen etwas Materielles voneinander – Honorare und Leistungen. Dabei entstehen Konflikte. Und es gibt immer wieder Menschen, die einem nicht unbedingt wohlgesonnen sind. Alleine damit umzugehen ist relativ einfach – bin ich Verantwortlicher eines Unternehmens, dann sind jedoch andere Menschen von meiner Haltung und Handlung betroffen.

Auch jemanden, der Steine in den Weg schmeißt, als einen kommenden Buddha zu betrachten, oder einen langjährigen Mitarbeiter entlassen zu müssen – das sind Übungen, die nicht immer einfach sind. Doch sie werden leichter, je mehr es mir gelingt, sie aus innerer Klarheit zu tun. Das Gesetz von Ursache und Wirkung zu begreifen und wahrzunehmen – kleine Ursachen haben oft große Wirkungen – hilft mir, eine Sache noch mal zu überdenken.

Der schmale Grat zwischen eitler Selbstdarstellung und professioneller Selbstvermarktung in unserer Kreativ-Branche; der ständige Druck, der uns alle im Unternehmen umgibt, der Zeitdruck, der Qualitätsdruck, der finanzielle Druck, der Leistungsdruck – die Übung ist wirklich nicht immer einfach, aber: «Der Schatten der Kiefer hängt ab von der Klarheit des Mondes», zitiert mein Lehrer, und er hilft mir damit, mich um das Wesentliche zu bemühen und mich nicht beirren zu lassen.

Zen ist für mich als Unternehmer kein Mittel zum Zweck. Zen ist der Puzzlestein, der bisher fehlte, um ein Ganzes zu sein. Und ein Spiegel, der mir gezeigt hat, dass ich Unternehmer bin und was das eigentlich bedeutet.

## Im Schweiße deines Angesichts

Vermutlich kennen Sie diese Phrase. Sie stammt aus der Schöpfungsgeschichte, genauer aus der Paradiesgeschichte. Als der Mensch seine Unmittelbarkeit zu Gott durch den Sündenfall verloren hatte, wurde er aus dem Paradies vertrieben mit dem Satz: «Im Schweiße deines Angesichts sollst du dein Brot essen, bis du wieder zu Erde wirst, aus der du gekommen bist!» (1. Buch Mose, 3,19) Ich hatte häufig Grund, mich an diesen Satz zu erinnern, denn das Mühlenleben hat seine eigenen Gesetze. Wenn Menschen sonntags bei uns waren und meinten, wir würden wie im Paradies leben, lud ich sie ein, doch einmal am Werktag zu kommen, um zu erleben, dass wir «jenseits von Eden» leben.

Am härtesten war eine Arbeit, die alle zwei bis drei Jahre zu tun war und dann viele Wochen dauerte. Zum Betrieb unserer Turbine hatten wir einen Wasserspeicher angelegt – einen Teich, etwa hundert Quadratmeter groß und bis 2,5 Meter tief. Das Wasser, das vom Hasenbach mittels Stauwehr in den Teich geleitet wird, bringt besonders bei starken Regengüssen riesige Mengen an Lehm von den Äckern sowie Laub und Geäst vom Wald mit. Im Laufe von drei Jahren sammelt sich das Ganze zu einem etwa ein bis 1,5 Meter hohen, künstlichen Teichboden an. Folge: Der Wasserspeicher wird immer kleiner.

Aufgrund der geografischen Lage des Teichs kann die Reinigung nicht mit irgendwelchem Räumgerät erfolgen. In mühsamster Kleinarbeit, Hacke für Hacke, Spaten für Spaten, müssen die Verunreinigungen, muss der

Schlamm entfernt werden. Das geht nur in der Jahreszeit, in welcher der Bach viel Wasser führt, also im Spätherbst, Winter und frühen Frühjahr bei Wassertemperaturen von drei bis zehn Grad. Was dies bedeutet, ist kaum vorstellbar, zumal sich die Arbeit über Wochen erstreckt und länger als drei Stunden nicht durchführbar ist. Nach jeder Tagesaktion gibt es eine heiße Dusche und eine Ölmassage von meiner Frau, damit ich mich überhaupt noch bewegen kann.

Wenn diese Arbeit früher anstand, war ich schon Tage vorher übel gelaunt, und voller Groll fragte ich mich, was ich verbrochen hatte, dass ich eine solche Arbeit tun musste. «Das ist eine Arbeit für jemand, der Vater und Mutter erschlagen hat», sagt ein geflügeltes Wort. Aber doch nicht für mich! Allerdings hatte ich keine Wahl. Kennen Sie dieses Gefühl? Es schlägt einem auf den Magen, schafft Missmut, die schlechte Laune macht richtig krank, man wird eine Zumutung für die Umwelt.

Und eben da lag das Problem. Es gab das Faktum, meine Interpretation und meine Identifikation. Den ersten Punkt konnte ich nicht verändern, die beiden anderen aber, die es erst recht schwer machten, waren Produkte meines Geistes. Die wirkliche Quelle meines Leidens war nicht der Teich, sondern mein Kopf. Gelänge es, hier etwas zu verändern, wäre alles viel leichter. Nun lernen wir ja im Bogenweg, immer freier zu werden von Interpretationen; lernen, ohne Groll auch Schwierigkeiten anzugehen, uns einzufinden in das, was ist. Die Früchte dieses Bemühens durfte ich nach wenigen Jahren ernten. Der Teich blieb der Teich, das Wasser war oft eisig kalt, der Schlamm wie festgetrampelt. Es war unglaublich, aber ich konnte allmählich mit fröhlichem Herzen, manchmal pfeifend oder singend an meine Arbeit gehen. Ich schaute nicht mehr auf die große Fläche vor mir. Meine Aufmerksamkeit galt dieser Hacke, diesem Spatenstich – das war's! Indem es mir möglich wurde, mein Verhaftetsein an bestimmte Vorstellungen und meinen Wunsch (meine Gier), es wäre anders, zu durchschauen .... Als ich über dieses Ich lächeln konnte, das sich da so mächtig aufbäumte, erlangte ich eine wunderbare Klarheit. Die, verbunden mit der langjährigen Übung des Loslassens, machte mir plötzlich alles ganz leicht.

# 12

# ÜBUNG IST ALLES

## Das äußere Werk und die innere Reife

Nun hat uns der Bogenweg endgültig wieder ins Leben zurückgeführt. Ich wünsche Ihnen sehr, dass es Augenblicke gegeben hat, an denen Sie erkannt haben, dass Veränderungen anstehen und dass Ihr Mut und Ihre Hoffnung gewachsen sind, um Ihre Einsichten umzusetzen.

Leider reichen diese Einsichten allein nicht aus. Das ist die Schwäche jener Wege, die zwar Einsichten zutage fördern, zu Aha-Erlebnissen führen, womit jedoch in der Tiefe unseres Seins noch keine wirkliche Veränderung erfolgt. Wenn es zu dauerhaften Veränderungen kommen, der Weg also zu einer Geistesschulung werden soll, dann brauchen wir die Übung, die uns sowohl körperlich als auch geistig ausrichtet und erneuert. Der einzige Weg, auf dem eine tiefe und dauerhafte Verwandlung geschehen kann, ist, dass wir unsere Übungspraxis pflegen. So werden wir verstehen, dass die Disziplin uns hilft, uns auch an Tagen, an denen wir lustlos, verzagt oder ängstlich sind, zu bewähren.

Lassen Sie mich das noch etwas deutlicher beschreiben und genauer auf den Begriff Übung eingehen. Das Wort hat einen doppelten Sinn: Es meint zum einen eine für mich und vielleicht auch andere wahrnehmbare Leistung, die sich in einer bestimmten Tat oder einem geschaffenen Werk erfüllt und damit abgeschlossen ist, z. B. dem Werk eines Handwerkers. Die Übung, von der wir im Hinblick auf einen zu gehenden Weg sprechen, meint jedoch einen inneren Verwandlungsprozess, den Prozess des Wachsens und Reifens.

Betrachten wir vor diesem Hintergrund die Übung des Bogenweges und die folgenden Übungsvorschläge, lässt sich leicht erfahren, dass diese beiden Pole ineinander fließen, verschmelzen. Dann wird deutlich, dass die Meisterung des Lebens, also das äußere Werk, nicht von der inneren Reife zu trennen ist. Das ist das Geheimnis, warum das Bemühen um eine vollendete Technik, eine wirklich gesammelt durchgeführte Übung, nicht nur zur inneren Reife genutzt werden kann, sondern das ganz selbstverständlich bewirkt, wenn wir sie in diesem Geiste tun.

Im Folgenden möchte ich einige Szenen aus dem Bogenweg aufgreifen und versuchen, sie auf Lebenssituationen zu übertragen – unabhängig, ob Sie Bogen schießen oder nicht. Damit wird es Ihnen möglich sein, sich eine kleine Insel im rauen Ozean zu schaffen, eine Pause, eine Auszeit. Sie werden wahrnehmen, wie alle Vorstellungen vom Leben von Ihnen abfallen, indem Sie sich in einen Übungsprozess hineinfallen lassen, und eine Öffnung zur Wirklichkeit entsteht.

Möglicherweise werden Sie bei manchen Übungen fragen, was denn dies mit Zen zu tun hat. Aber vielleicht ist Ihnen auch schon längst deutlich geworden, dass Zen uns ins Leben, zur Unmittelbarkeit des Lebens führen möchte, zur Unmittelbarkeit der Freude und des Schmerzes. Nur so kann ich Zen verstehen, und so möchte ich es lehren.

# Atem

## Morgenübung

Der Atem ist uns so selbstverständlich und dabei lebenswichtig. Wie wäre es, wenn Sie es sich zur Gewohnheit machten, sich morgens nach dem Erwachen als Erstes bewusst zu rekeln und zu strecken und ein paar mal ruhig zu atmen? Erst dann stehen Sie auf. Und dies üben Sie jeden Tag.

## «Drei-Atemzüge-Zen»

Wenn die Kinder schreien, das Telefon nervt, die Termine Sie jagen und Sie das Gefühl haben, die Wellen schlagen über Ihnen zusammen, setzen Sie sich für nur drei bewusste Atemzüge aufrecht auf einen Stuhl und atmen. Plötzlich sind Sie auf einer Insel, auf der es nur Sie allein gibt.

Beim Bogenschießen brauchen wir einen langen Atem, um unsere Übung von Anfang bis Ende vom Atem begleiten zu lassen. Wenn Sie Ihren Atem beobachten, werden Sie feststellen, wie kurz und oberflächlich er oft ist. Besonders wenn es hektisch zugeht, wenn Sie erregt sind, also gerade dann, wenn Sie einen langen Atem bräuchten, schnappen Sie kurzatmig nach Luft. Das muss aber nicht so sein. Wenn unser Geist wach ist und bewusst sieht, was mit uns geschieht, verschaffen Sie sich die Möglichkeit, einmal ruhig ein- und langsam auszuatmen – und Sie haben Ihren Atemrhythmus grundsätzlich verändert.

# Haltung

Beobachten Sie im Laufe des Tages immer mal wieder Ihren Körper, Ihre Haltung. Beginnen Sie mit dem Sitzen. In dem Augenblick, in dem Sie anfangen, sich beim Sitzen zuzuschauen, verändert sich alles. Sie brauchen überhaupt nichts zu tun. Nur hinschauen! Sie werden Ihre Füße auf dem Boden spüren, Ihre Beine anders stellen, Ihr Becken, Ihren Rücken und Ihren Kopf aufrichten. Ihre Augen werden aus einem anderen Winkel in die Welt schauen, Ihr Blick wird klarer, offener, freier, und Ihr Atem fließt durch Ihren *ganzen* Körper.

Eine ähnliche Erfahrung können Sie machen, wenn Sie sich beim Gehen zuschauen. Wie gehen Sie über den Flur von einem Zimmer zum anderen? Gehetzt, gejagt? Wer jagt Sie eigentlich? Ist es wirklich der Chef, sind es die Kinder, die Umstände, oder jagen Sie sich selbst? Beginnen Sie damit, bewusst zu gehen, sich aufzurichten. Ihre Schritte werden sich verändern: Sie werden sicherer, ruhiger, verwurzelt, entspannt. Ich garantiere Ihnen, dass Sie nicht später ankommen – aber anders. So begegnen Sie dem Menschen, mit dem Sie jetzt zu tun haben, so treten Sie Vorgesetzten oder Mitarbeitern gegenüber.

Damit sind wir beim Stehen. Auch hier gilt es, sich zu beobachten. Stehen Sie mit beiden Füßen auf dem Boden und sind fest verankert? Sind Sie in Ihren Knien verspannt, und setzt sich diese Spannung über Becken, Rücken, Nacken, Kopf bis in Ihr Gehirn fort? Wie stehen Sie einem Menschen gegenüber? Ihrer Partnerin/Ihrem Partner, Ihrem Kind, Freund, Kollegen, Kunden, Chef? Wie stehen Sie an einem Rednerpult?

## Absichtslosigkeit

Das Thema ist uns bei der Bogenweg-Übung begegnet, und Sie haben gesehen, wie schwer es uns fällt, nicht zielgerichtet zu sein, sondern als Ziel die Absichtslosigkeit zu üben. Wieder eine dieser Zen-Paradoxien! Aber es ist gar nicht schwierig, sie zu leben. Wenn Sie einen Garten haben, einen Park, einen Wald in der Nähe oder einfach freies Land, dann leben Sie diesen Traum vom Paradies einmal: Berühren Sie eine Blume, genießen Sie den Duft einer Rose, riechen Sie das Heu oder das frisch geschnittene Gras, lassen Sie den Zweig einer Douglasie mit ihren weichen Nadeln und dem wundervollen Geruch durch Ihre Finger gleiten, stellen Sie sich vor einen Felsen, dessen Alter in die Ewigkeit zu reichen scheint, lassen Sie Ihren Blick über einen frisch gepflügten Acker gleiten, über ein neu angelegtes Blumenbeet im Garten, und Sie wissen, dass neues Leben sprießen wird, wenn die Zeit reif ist. Hören Sie das nahe Zwitschern einer Amsel oder das ferne Bellen eines Hundes. Alles, was Ihnen begegnet, ist eine Einladung, eine Tür aufzumachen und sich auf das einzulassen, was sichtbar, hörbar, riechbar oder spürbar wird.

Auch im Zusammenhang mit dem Ankern begegnet uns das Thema Berührung. Überprüfen Sie einmal allgemein die Art Ihrer Berührungen. Sie können einen Stoff berühren, um festzustellen, ob er Ihren Vorstellungen entspricht. Sie können einen Hebel berühren, um etwas in Gang zu setzen, ja Sie können einen Menschen berühren, um etwas Bestimmtes zu erreichen – und manchmal ist das wichtig und gut.

Sie können aber auch berühren oder sich berühren lassen, von einer Hand, einer Stimme, einem Blick ohne jede Absicht. Einfach nur so. Wenn alles Absichtsvolle entfällt und nur das Tun im Augenblick bleibt, haben wir für einen kurzen Moment einen Ort gefunden, in dem wir zu Hause sind.

## Nachhalten

Sie erinnern sich: Wenn wir beim Schießen den Pfeil losgelassen haben, lassen wir unsere Arme, Hände, unseren Körper nicht in sich zusammenfallen. Die Aufgabe heißt vielmehr «nachhalten», dem Pfeil nachschauen, wie er ankommt, in den Körper hineinspüren, die Anspannung ausklingen lassen, während der Rest des Atems verströmt. Nachhalten ist eine Übung. Halten Sie ein wenig inne, bis Sie mit einer neuen Aktion beginnen. Beim Bogenschießen erweisen wir dem, was wir getan haben – unabhängig vom Bild auf der Scheibe – Respekt. Blicken noch einmal kurz zurück und verabschieden uns mit Dankbarkeit für die Möglichkeit des Übens. Wenn Sie aufmerksam sind, werden Sie im Verlauf eines Tages viele solcher Stationen finden, bei denen Ihnen eine kleine Rückschau gut tut.

Menschen, die schnell unzufrieden sind oder zu Schwermut neigen, rate ich, sich am Abend vor dem Einschlafen an fünf Dinge, Gespräche, Erfahrungen zu erinnern, für die sie dankbar sein können. Wie das «Nachhalten» hat das eine befreiende Wirkung.

## «Zen als Lebenspraxis»

So wie unsere Bogenübung fest mit der Zazen-Übung im Dojo verzahnt ist, so eng können Sie auch Ihren Tag mit Zazen verbinden. Am Anfang tun Sie sich damit vielleicht schwer; wenn Sie jedoch dranbleiben, wird die Übung zur Selbstverständlichkeit und zur Freude. Ich rate Ihnen, mit einer kurzen Übung von zehn Minuten zu beginnen. Halten Sie das vier Wochen durch, und steigern Sie die Übung dann um fünf Minuten – bis Sie bei zwanzig bis fünfundzwanzig Minuten angekommen sind.

### Der richtige Ort

Suchen Sie sich in Ihrer Wohnung einen Platz, an dem Sie sich wohl fühlen und durch keine äußeren Umstände abgelenkt werden, um zur Ruhe zu kommen und innerlich frei zu werden. Wenn möglich, gestalten Sie sich diesen Platz angenehm und schön: mit einer Decke, einem Bild, einer Statue, einer Kerze, Räucherstäbchen. Wenn Ihnen Klang wichtig ist, beschaffen Sie sich eine Klangschale. Beginnen Sie Ihre Übung mit einer kleinen Zeremonie.

### Die richtige Zeit

Wählen Sie eine Zeit, in der alles zurücktreten, sich innere Entspannung, Stille einstellen kann. Bei vielen Menschen ist dies die Zeit am Morgen direkt nach dem Aufstehen, bei anderen das Ende der Mittagspause, wieder andere kommen abends nach der Arbeit oder vor dem Schlafengehen am besten zur Ruhe. Wichtig ist, dass Sie die Ihnen gemäße Zeit fest in Ihren Tagesrhythmus einplanen. Wenn es nach einer Mahlzeit sein soll, achten Sie darauf, dass Sie nur wenig und etwas Leichtes zu sich genommen haben.

## Die richtige Körperhaltung

Wenn möglich, beginnen Sie mit einer kurzen Entspannungsübung. Das kann eine Yogaübung sein, eine Reihe von Gebärden, eine Abfolge von Bewegungs- und Atemübungen aus dem Bogenweg. Die Regel heißt: keine Meditation ohne Entspannung. Finden Sie die günstigste Haltung des Körpers für den Weg in die Stille. Knien, Sitzen oder Liegen (nur bedingt) sind möglich. Eine gute Übung ist auch das Gehen. Am hilfreichsten ist das gesammelte Sitzen auf einem Meditationskissen oder -bänkchen, aufrecht und gerade, die Füße angewinkelt, in die Einheit des Körpers hineingenommen.

## Das richtige Atmen

Lassen Sie den Atem geschehen, wie er kommt und geht. Manipulieren Sie nicht. Atmen Sie weniger oben in der Brust — das drückt absichtliches Handeln, Aufregung oder innere Verspannung aus –, sondern weiter unten im Bauch: Das führt zu Ruhe, Entspannung, Gelassenheit.

## Das richtige Üben

Sie können Ihre Atemzüge zählen – von eins bis zehn, um dann wieder von vorne zu beginnen – oder einfach Ihren Atem mit dem Bewusstsein begleiten. Aufkommende Gedanken betrachten und wieder loslassen. Nicht den Ehrgeiz haben, nichts zu denken. Stellen Sie sich ein Boot vor, das auf einem Fluss mit der Strömung herbeischwimmt. Sie müssen sich nicht hineinsetzen. Lassen Sie es weitertreiben. Beenden Sie Ihre Übung immer erst dann, wenn die vorgegebene Zeit abgelaufen ist, nicht nach Lust oder Laune.

## Die richtige Gruppe

Die regelmäßige Übung zu Hause ist der wichtigste Teil des Ganzen. Gut und hilfreich ist es, wenn Sie in gewisser Regelmäßigkeit gemeinsam mit einer Gruppe unter Anleitung eines Leiters / einer Leiterin üben können. Das gemeinsame Sitzen ist eine starke Motivation für Ihre Übung zu Hause. Es ist auch wichtig zu wissen, dass man auf dem Weg nicht alleine ist. Wenn möglich, nehmen Sie regelmäßig an längeren Übungsangeboten teil, um die Erfahrung zu vertiefen. Auf Dauer werden Sie sich einer Lehrerin oder einem Lehrer anschließen. Das kann helfen und stärken und Sie davor bewahren, die Übung in Krisenzeiten aufzugeben.

## Alles einbeziehen

Häufig erwischen wir uns dabei, dass wir für unsere Übung ideale äußere und innere Zustände schaffen wollen. Also kein Autolärm an unserem Übungsort, keine «Kettensägen» jeglicher Art, sondern eine Stimmung und Stille, die zu unserer Vorstellung von Üben passt. Dazu eine kleine Geschichte aus

*Warum der Vogel singt*:

### DIE TEMPELGLOCKEN

Der Tempel hatte auf einer zwei Meilen in der offenen See gelegenen Insel gestanden. In ihm befanden sich tausend Glocken. Große und kleine, Glocken, von den besten Handwerkern der Welt gegossen. Wenn der Wind wehte oder ein Sturm wütete, begannen alle Glocken gleichzeitig zu ertönen und in einer Symphonie zusammenzuklingen, die das Herz des Hörers in Entzücken versetzte.

Aber im Laufe der Jahrhunderte versank die Insel im Meer und mit ihr der Tempel und die Glocken. Nach einer alten Überlieferung ertönten die Glocken auch weiterhin, unaufhörlich, und jeder konnte sie hören, der aufmerksam lauschte. Beflügelt von dieser Überlieferung, reiste ein junger Mann Tausende von Meilen, um dieses Wunder zu hören. Tagelang saß er an der Küste, der Stelle gegenüber, wo der Tempel einst gestanden hatte, und lauschte — lauschte mit allen Fasern seines Herzens. Aber er hörte nur die sich am Strand brechenden Wellen. Er bemühte sich immer wieder, das Brausen der Wellen zu verdrängen, damit er die Glocken hören konnte. Aber vergeblich; das Rauschen des Meeres schien das Universum zu überfluten.

Viele Wochen blieb er seiner Aufgabe treu. Wenn er entmutigt war, pflegte er den Worten der Dorf-Pandits zu lauschen, die überschwänglich die Legende der Tempelglocken erzählten und jene erwähnten, die sie gehört und damit ihre Wahrheit bekräftigt hatten. Und sein Herz begann zu brennen, als er ihre Worte hörte, nur um wieder entmutigt zu sinken, als wochenlanges Bemühen nichts ergab.

Schließlich beschloss er, den Versuch aufzugeben. Vielleicht war es ihm nicht bestimmt, zu den Glücklichen zu gehören, die die Glocken vernehmen konnten. Vielleicht stimmte die Legende nicht. Er wollte nach Hause zurückkehren und seinen Misserfolg eingestehen. Am letzten Tag ging er zu seinem Lieblingsplatz am Strand, um sich von der See, dem Himmel, dem Wind und den Kokospalmen zu verabschieden. Er lag im Sand, blickte in den Himmel und lauschte dem Rauschen des Meeres. An diesem Tag sträubte er sich nicht gegen das Rauschen. Im Gegenteil, er gab sich ihm hin und empfand das Tosen der Wellen als angenehm und beruhigend. Bald hatte er sich so in diesem Klang verloren, dass er sich seiner selbst kaum mehr bewusst war, so tief war die Stille in seinem Herzen geworden.

In dieser Stille hörte er es! Das helle Klingeln einer winzigen Glocke, gefolgt von einer anderen und noch einer anderen und wieder einer anderen ... und bald ertönten alle tausend Glocken in wunderbarem Zusammenklang, und sein Herz war außer sich vor Freude und Staunen.

Natürlich werden wir versuchen – soweit das geht – äußere Ablenkungen zu vermeiden. Zu einem wirklichen Hindernis aber werden sie dann, wenn wir von ihnen abhängig werden, das heißt, wenn sie uns hindernd im Wege stehen. Dann sind wir aufgefordert: üben, und zwar inmitten der Ablenkungen.

«Alles einbeziehen» kann noch bei einer anderen Übung für uns wichtig werden – beim meditativen Gehen. Manche praktizieren es wie einen Spaziergang. Das ist jedoch nicht richtig. Meditatives Gehen meint: Gehen mit allen Sinnen. Genau den Tritt meines Fußes auf dem Boden spüren, das Rascheln des Laubes wahrnehmen, den Geruch von Moos, kurz: ganz offen sein, ganz wach, alles wahrnehmend, nichts ausklammernd und doch ganz bei mir.

Shantideva, ein buddhistischer Gelehrter aus dem siebten/achten Jahrhundert, schreibt: «Es gibt nichts, was Übung nicht meistern könnte. Durch die Übung im kleinen Leiden wird daher auch großes Leiden erträglich.» *(Buddhistischer Spruchkalender)* Es geht also nicht um irgendeine Banalität. Dafür wären Sie und ich nicht bereit, unsere ganzen Kräfte zu mobilisieren. Es geht um etwas Großes: um unser Leben.

# Nachbemerkung

Wo stehe ich heute? Diese Frage möchte ich anhand eines Bildes beantworten: Ein Sämling wuchs zu einem großen Baum mit einer starken Wurzel. Diese Wurzel ist meine christliche Existenz seit frühester Kindheit. Doch im Verlauf meines Lebens verlor die Wurzel mehr und mehr an Kraft, wurde sinn- und kraftlos, konnte kein lebendiges Wasser mehr in den Baum transportieren ... Sie war abgestorben. Meine Zen-Übung ließ eine frische, junge Wurzel wachsen, die mit der Zeit immer kräftiger wurde und mir reichlich lebendiges Wasser lieferte. Das ist heute mein gelebter Zen-Weg.

Dank dieser jungen Wurzel keimte, erstaunlicherweise, auch aus der alten, der christlichen, neues Leben. Daher gleicht mein heutiges religiöses Leben nicht dem eines Wanderers zwischen zwei Welten, sondern einem Baum mit zwei Wurzeln, die nicht in Konkurrenz zueinander stehen. Der Begriff «Erneuerung» ist dabei von besonderer Bedeutung: Denn die alte Wurzel wurde nicht einfach neu belebt. Das hieße, die alten Vorstellungen von Schöpfergott, Himmel, Hölle, Stellvertretung, Sünde und Strafe wären erhalten geblieben – mit all den Belastungen und Ängsten. Diesen «Glauben» brauche ich nicht mehr! Diese Wurzel ist tatsächlich gestorben! *Neues* ist stattdessen entstanden.

Zen ist heute ohne Einschränkungen der Weg meiner religiösen Praxis und meiner Werteorientierung. Dies zeigt sich in der Klarheit und Eindeutigkeit, mit der in unserem Haus Zen gelehrt und praktiziert wird. Ein «christliches Zen» wäre für mich keine Alternative – und zwar aus Respekt vor beiden Traditionen, die nicht zu vermischen sind, und auch um der inneren Klarheit willen. Beides zu vermengen erschiene mir wie ein inneres Zerreißen, dem ich mich – und meine Schüler – nicht aussetze. Der Weg zu dieser Eindeutigkeit ist allerdings ein langer und oftmals schmerzensreicher Prozess, der durchaus Jahre dauern kann. An seinem Ende muss eine klare Entscheidung stehen, wenn Frieden in uns wachsen soll.

Andererseits kann und will ich meine christliche Tradition nicht leugnen. Insofern bin ich für die Erneuerung der christlichen Wurzel dankbar, denn sie hilft mir, viele Aussagen im Alten und Neuen Testament in einem neuen Licht zu sehen und zu verstehen. Ein Beispiel: die biblische Aufforderung «betet ohne Unterlass» (1. Thessalonicher 5,17), die ich nie leben konnte, weil mich die übliche Form des Betens von meinem Alltag abspaltete und auf bestimmte Zeiten beschränkt war. So kam es zu einem nächsten Schritt, der lautete: Arbeite im Geist des Betens, also mit Hingabe, wohl wissend, dass dies dem Wortlaut nicht entsprach. Im Geiste des Zen ist dieser Satz eine Aufforderung zu ständiger Achtsamkeit, die direkt und dauernd in mein Leben hineingreift, erneuernd, verwandelnd. Beten heißt also: offen sein, unmittelbar sein. Das Ja, das wir bei Jesus hören, ist das Ja zu diesem Augenblick und die höchste Form des Betens überhaupt. So beten heißt: angekommen sein!

Ich habe lernen dürfen, dass die Bibel ein tief mystisches Buch ist und – befreit von den kulturellen, traditionellen und dogmatischen Vorstellungen und Interpretationen – viele Parallelen zu Zen-Erfahrungen aufweist. In vielen Worten und Taten Jesu erkenne ich die Unmittelbarkeit seines Erlebens, offen wie die Kinder! Ich höre die Aufforderung an seine Zuhörer, einfach nur zu schauen – auf die Blumen und die Vögel –, gegenwärtig zu sein, das heißt wahrzunehmen, was im eigenen Inneren und um einen herum in jedem Augenblick geschieht. Es ist die Aufforderung, unsere Aufmerksamkeit auf die Wunder des Alltäglichen zu richten, in der gewöhnlichen, uns umgebenden Welt die verborgene Dimension der Schönheit und Harmonie zu entdecken, das Staunen zu lernen und die Dankbarkeit als Quelle der Kraft zu erleben.

Angesichts dieser vielen vergleichbaren Aufforderungen, Bilder und Erfahrungen ist es selbstverständlich, dass ich, bei einem Teisho ebenso wie in diesem Buch, auf jene Parallelen hinweise, zumal diese Bilder den meisten Menschen vertraut sind. Darauf aufmerksam zu machen bedeutet also nichts weiter, als den Einzelnen, den Fragenden, bei Vertrautem abzuholen, um ihm die Augen für eine neue Sicht und ein neues Verständnis bekannter Texte zu öffnen.

Persönlich möchte ich mich nicht in die Kategorien «Christ» oder «Buddhist» einordnen. Das Zen meiner Erfahrung lässt alle christlichen Weltdeutungen hinter sich und schüttelt alle buddhistischen Philosophien ab. Ich sagte bereits: Es gibt kein «christliches Zen», aber auch kein «buddhistisches». Für mich gibt es nur eine entscheidende Botschaft: «Sei gegenwärtig!» Wenn sich alle Konzepte auflösen, die Grenzen von Raum und Zeit überschritten werden, wenn Heiliges und Profanes sich durchdringen – dann ist das Zen. Voraussetzung ist jedoch die «Kultur der Stille», ohne die kein erwachtes Sehen, Hören, Fühlen, Lieben möglich ist. Daraus entwickelt sich ein Weg, dessen äußeres Kennzeichen in der persönlichen Übungspraxis liegt. Auch wenn es kein «buddhistisches Zen» gibt, kommt das Zen aus dem Buddhismus. Das bringen wir mit einer Buddha-Statue auf dem Altar, mit Rezitationen und Zeremonien aus der Zen-Tradition zum Ausdruck, wohl wissend, dass sich die äußeren Formen in Europa wandeln. Vor einschneidenden Änderungen möchten wir jedoch ihre Essenz tief in uns aufnehmen, um dann vielleicht zu neuen Formen zu finden.

Bleiben wird das innerste Merkmal des Zen: der Zauber des neuen Anfangs von Augenblick zu Augenblick, der freie Geist des erwachsen und mündig gewordenen Menschen, in dem sich Jesus und Buddha versöhnt haben ... Denn in der Gegenwärtigkeit des Augenblicks fallen alle Unterschiede der Traditionen, werden die Augen geöffnet für das größte Geheimnis von Leben und Sterben, weitet sich das Herz. Und so heißt es denn im *Herz-Sutra*: «Jenseits aller Illusionen ist endlich Nirvana. Alle Erwachten leben aus dieser transzendenten Weisheit, erreichen die höchste Erleuchtung, vollkommen und unübertroffen.»

# Dank

Verehrung allen Buddhas der Vergangenheit, Gegenwart und Zukunft, meinen vergangenen und gegenwärtigen Lehrern, meinen Ahnen.

Dank meiner Frau und mitfühlendsten Begleiterin, Ellen Gen-ki, unseren Söhnen Michael Ho-Kai und Christian Shin-Gen mit Frau Annett für ihren wohlwollend kritischen Beistand, unseren beiden Enkeln für ihre oft erheiternden Bemerkungen, den Schülerinnen und Schülern unseres Sangha, von denen ich lernen durfte, den Steinen, Blumen, Gräsern, dem Wasser und den Vögeln. Sie alle haben mich ermutigt, immer wieder den zerbrochenen Bogen in die Hand zu nehmen und den nächsten Pfeil …

Wenn Sie sich für unser Programm und unsere Seminare interessieren, schreiben Sie uns: Altbäckersmühle, Ellen Gen-Ki und Kurt Kyu-Sei Österle, 56379 Singhofen, oder Fax 0 26 04/94 28 81. Alle Angebote finden Sie auch auf unserer Website, www.Altbaeckersmuehle.de.

# Glossar

ANHAFTUNGEN Neigungen, die das Leben in der Welt der Verstrickungen begünstigen und fördern. Anhaftungen zeigen sich als heftiges Begehren, z. B. als Eifersucht, Zweifel, Wut, Neid. Wenn einer dieser Geistesfaktoren wirksam wird, entsteht innere Unruhe, und unser Gleichgewicht ist gestört.

ANKERN Die Position der Abschusshand bzw. der Sitz des Mittelfingers bei vollem Auszug am Mundwinkel.

AVALOKITESHVARA Einer der bedeutendsten Bodhisattvas im Mahayana-Buddhismus. Wörtliche Interpretation «Der die Schreie der Welt wahrnimmt». Dies kommt in der Ikonographie durch die Anzahl der Arme und Augen zum Ausdruck (häufig jeweils tausend). Sein Erbarmen, das ihn antreibt, alle Wesen zu retten, ist grenzenlos.

BODHIDHARMA Der 28. Patriarch des Zen nach Shakyamuni Buddha in der indischen Linie und der erste chinesische Patriarch. Er lebte um 470–543 und kam vermutlich 520 von Indien nach China. Er gilt als Begründer und Schöpfer des Zen in China.

BODHISATTVA Ein vollkommen erleuchtetes Wesen, das so lange auf sein Eingehen ins Nirvana verzichtet, bis alle Wesen erlöst sind.

BOGENAUGE Ausschnitt im Mittelteil eines Recurve-
bogens. Ermöglicht den Blick zum Zielpunkt. Auch die
Pfeilauflage kann dort montiert werden.

DHARMA Zentraler Begriff im Buddhismus. Gesamtheit
aller kosmischen gesetzlichen Entwicklungen und die
sich daraus entwickelnde Lehre, die der Buddha erkannt,
formuliert und als allgemein gültig beschrieben hat. Zu
diesem Dharma nimmt der Buddhist «Zuflucht».

DOKUSAN Das persönliche (Einzel-)Gespräch mit dem
Meister, bei dem alle Fragen und Probleme, die aus der
Übungspraxis entstehen, besprochen werden können.
Insbesondere dient es den Schülern, ihre Erfahrungen in
der Übung darzulegen. Dokusan ist in unserer Schule ein
wichtiger Bestandteil des Zen.

ENTMYTHOLOGISIERUNG Eine theologische Richtung,
bei der der Versuch gemacht wurde, insbesondere das
Neue Testament von allen Mythen zu befreien und die
daraus resultierende Botschaft (das *Kerygma*) dem heutigen Verständnis anzupassen.

FÜHRUNGSAUGE Auch wenn wir mit zwei geöffneten
Augen schauen, geschieht die Orientierung auf ein Ziel
immer mit einem Auge, dem Führungsauge, das für unsere Richtungswahrnehmung dominant ist. In der Regel
ist es bei Rechtshändern das rechte Auge, bei Linkshän-
dern das linke. Es gibt jedoch Ausnahmen, weshalb eine
Überprüfung wichtig ist.

**Han** Ein Holzbrett, das in einem bestimmten, fünf Minuten dauernden Rhythmus geschlagen wird. Der Han ruft die Übenden ins Dojo.

**Hotei** Jap., chin. Pu-tai, wörtl. «Hanfsack», vermutlich 10. Jh. Hotei ist der «lachende Buddha», der seinen Namen von dem Bettelsack aus Hanf hat, mit dem er durch die Dörfer zog.

**Joshu** Jap., chin. Chao-chou Tsung-shen, 778–897, einer der größten chinesischen Zen-Meister.

**Kinhin** Meditationsübung im Gehen während der einzelnen Sitzperioden.

**Koan** Jap., wörtl.: «öffentlicher Aushang». Im Zen ein Satz aus einem Sutra oder eine Episode aus der Zen-Tradition. Es geht immer darum, auf das Wesen hinzudeuten. Das Besondere an den Koans ist ein Paradoxon, das alles logische Denken transzendiert. Auf der Verstandesebene erscheinen sie als «Rätsel», was sie jedoch nicht sind. Durch die meditative Lösung sind sie in sich völlig schlüssig und klar. In manchen Zen-Schulen wird systematisch mit Koans gearbeitet.

**Kyosaku** Jap., wörtl. «Erweckungs-Stab». Ein abgeflachter, bis zu hundert Zentimeter langer Stock, der in manchen Zen-Traditionen den Schülern während langer Sitzperioden zur Ermunterung und Ermahnung auf Rücken oder Schultern geschlagen wird.

LANG- BZW. RECURVEBOGEN Der klassische Langbogen ist ein aus einem Stück Holz gefertigter Bogen, der ohne Pfeilauflage über die Bogenhand geschossen wird. Heute gibt es viele mit Fieberglas verleimte Langbogen, die mit einer Pfeilauflage ausgestattet sein können. Der Recurvebogen hat seinen Namen durch die geschwungene Form der Bogenenden, die ihn auch besonders leistungsfähig macht.

NOCK Ende des Pfeils, das mit Schlitz versehen ist. Ermöglicht das Festklemmen des Pfeils auf der Sehne.

NOCKPUNKT Punkt auf der Sehne, unter dem der Pfeil angenockt, d.h. aufgesetzt wird.

RECURVEBOGEN s. Langbogen

SANGHA Im weiten Sinn Gemeinschaft all derer, die sich auf dem Weg des Buddha befinden. Im engeren Sinn besteht der Sangha ausschließlich aus Mönchen und Nonnen sowie Novizen. Zen bezieht in den Sangha alles ein, sichtbare und unsichtbare Wesen: Menschen, Tiere, Blumen, Gräser, Luft und Wasser, Tiere und Steine.

SESSHIN Jap., wörtl. «Sammeln des Herz-Geistes». Tage besonders intensiver und strenger Übung des gesammelten Geistes und gemeinsamen Lebens. Es wird einige Stunden pro Tag Zazen geübt, unterbrochen von der Darlegung der Lehre (Teisho), Arbeit, Mahlzeiten.

TEISHO Darlegung des augenblicklichen Verständnisses der Lehre durch den Meister. Es ist die Beschreibung seiner Zen-Erfahrung und findet im Rahmen eines Sesshin statt.

WORT IN DEN TAG Ein aus wenigen Sätzen bestehender Impuls am Beginn eines Übungstages.

ZAZEN Jap., *za* = «Sitzen», *zen* = «in Versenkung». Gemeint ist die Übungspraxis, wie sie im Zen gelehrt wird.

ZUGGEWICHT Die Kraft, die aufgewendet werden muss, um den Bogen auf die erforderliche Länge auszuziehen. Die übliche Maßeinheit sind lbs (engl. Pfund).

# Literatur

Robert Aitken: *Zen als Lebenspraxis*, Diederichs Verlag, 1998

Marco Aldinger: *Was ist die ewige Wahrheit?*, Herder Verlag, 1998

Patrick M. Arnold: *Männliche Spiritualität*, Kösel Verlag, 1994

Felicitas Betz: *Heilbringer im Märchen*, Kösel Verlag, 1989

Oliver Bottini: *Das große O.W. Barth-Buch des Zen*, O. W. Barth Verlag, 2002

*Buddhistischer Spruchkalender*, Verlag für Zen-Buddhismus, 2002

Anthony DeMello: *Warum der Vogel singt*, Herder Verlag, 1984

Karlfried Graf Dürckheim: *Hara*, O. W. Barth Verlag, 1996

Miracea Eliade: *Geschichte der religiösen Ideen*, Herder Verlag, 1983

Hugo M. Enomiya-Lassalle: Zen-Unterweisung, Kösel Verlag, 1995

Erich Fromm: *Haben oder Sein*, Deutscher Taschenbuch Verlag, 1976

Wilhelm Gundert (Hg.): *Bi yän Lu – Niederschrift von der smaragdenen Felswand*, Hanser Verlag, 1999

Thich Nhat Hanh: *Nenne mich bei meinem wahren Namen*, Theseus Verlag, 1998

Thich Nhat Hanh: *Das Wunder des bewussten Atmens*, Theseus Verlag, 2000

Haus St. Benedikt (Hg.): *Textsammlung*, Würzburg, 1995

Eugen Herrigel: *Zen in der Kunst des Bogenschießens*, O. W. Barth Verlag, 1990

Sabine Hübner: *Das torlose Tor*, Kristkeitz Verlag, 2002

Willigis Jäger: *Die Welle ist das Meer*, Herder Verlag, 2000

*Das Lexikon des Zen*, Goldmann Verlag, 1996

John A. McConnell: *Achtsame Meditation*, Versöhnungsbund, 2002

Andrew Newberg: *Der gedachte Gott*, Piper Verlag, 2003

Matthias Obereisenbuchner: *Kyudo – Der Weg des Bogens*, Econ Verlag, 1987

Henning Sabo: *Es geht immer um alles*, Sabo Verlag, 1990

Fritz Schäfer: *Der Buddha sprach nicht nur für Mönche und Nonnen*, Kristkeitz Verlag, 2002

Werner Scholz: *Der Weg des Buddha*, Patmos Verlag, 1998

Zenkei Shibayama: *Zu den Quellen des Zen*, Heyne Verlag, 1986

Dorothee Sölle: *Mystik und Widerstand*, Piper Verlag, 2000

Shunryu Suzuki: *Zen-Geist, Anfänger-Geist*, Theseus Verlag, 1997

Shunryu Suzuki: *Leidender Buddha – Glücklicher Buddha*, Theseus Verlag, 1998

*Tao Te King*, Ullstein 1990

*Traditionell Bogenschießen*, Magazin für Langbogen und Recurve, Hörnig Verlag, 2003

Günter Wohlfahrt: *Zen und Haiku*, Reclam Verlag, 2000

Meister Yunmen: *Zen-Worte vom Wolkentor-Berg*, O. W. Barth Verlag, 1994

Der Satz «Und jedem Anfang wohnt ein Zauber inne» stammt von Hermann Hesse.

Die Passage aus *Shodoka* von Yoka Daishi und das Gedicht von Kabir wurden nach der oben genannten *Textsammlung* von Haus St. Benedikt zitiert.

Der Text aus dem *Metta-Sutta* wurde nach Hans Wolfgang Schumann zitiert (in: Haus St. Benedikt [Hg.]: *Textsammlung*, Würzburg, 1976).

Die Passage aus John Seymours *Vergessene Künste – Bilder vom alten Handwerk* (Urania-Verlag) wurde nach *Traditionell Bogenschießen*, II. Quartal 2003, Nr. 28, zitiert.

Die Zitate von Gustav Meyrink und Heraklit wurden Fritz Schäfers Buch *Der Buddha sprach nicht nur für Mönche und Nonnen* entnommen.